westermann

Arbeitsheft Geographie

für den Unterricht mit Schülerinnen und Schülern mit Deutsch als Zweit- oder Fremdsprache an weiterführenden Schulen und zum Selbststudium

Autorin:
Angela Gutschmidt

unter Mitwirkung der Verlagsredaktion

Angela Gutschmidt ist seit September 2007 Lehrerin am Wilhelm-Hausenstein-Gymnasium in München. Dort unterrichtet sie die Fächer Geographie, Natur und Technik sowie Englisch und ist Fachbetreuerin für das Fach Geographie. Seit dem Schuljahr 2015/16 unterrichtet sie Geographie in InGym-Kursen.
Das bayerische Projekt InGym bietet besonders leistungsfähigen und leistungsbereiten Schülerinnen und Schülern mit Flucht- oder Migrationshintergrund die Möglichkeit, die erforderlichen deutschen Sprachkenntnisse zu erlangen, um danach erfolgreich ein Gymnasium zu besuchen.

Druck A^2 / Jahr 2025
Alle Drucke der Serie A sind im Unterricht parallel verwendbar.

Redaktion: Christine Wenzel
Druck und Bindung: Westermann Druck GmbH, Georg-Westermann-Allee 66, 38104 Braunschweig

ISBN 978-3-14-100480-9

Inhaltsverzeichnis

Der Atlas

1 *a) Finde die Singular- bzw. Pluralformen der Wörter heraus und trage sie mit dem richtigen Artikel ein.*
b) Übersetze die Singularformen in deine Muttersprache.
c) Suche in deinem Atlas Seiten, auf denen die Begriffe vorkommen.

Singular	Plural	in meiner Muttersprache	im Atlas auf Seite ...
das Register			
das Kartenverzeichnis			
	die topographischen Karten		
der Maßstab			
	die Höhenangaben		
der Breitengrad	die Breitengrade		
der Äquator			
die Südhalbkugel			
die Arktis			
der Nordpol			
die Karte			
die thematische Karte			
	die Legenden		
die Höhenlinie			
	die Signaturen		
	die Längengrade		
die Nordhalbkugel			
der Gletscher			
	die Kontinente		
die Antarktis			
der Südpol			

2 *Manche Wörter in der Liste haben keinen Plural. Warum?*

Arbeiten mit dem Atlas

1 ***Lies dir die Tabelle aufmerksam durch und übersetze die Operatoren in deine Muttersprache.***

Operator	in meiner Muttersprache	Beispielaufgabe	Lösung
nennen		Nenne alle Planeten, die zwischen Sonne und Erde liegen.	Die Planeten zwischen Sonne und Erde heißen Merkur und Venus.
beschreiben		Beschreibe, wie der Saturn aussieht.	Der Saturn sieht aus wie eine Kugel, um die ein Ring liegt.
zeichnen		Zeichne das Symbol für „Kirche“ in die Legende ein.	
vergleichen		Vergleiche die Erde und den Jupiter.	Die Erde ist viel kleiner als der Jupiter. Der Jupiter ist weiter von der Sonne entfernt als die Erde.
begründen		Begründe, warum sich eine Karte mit großem Maßstab besser zum Wandern eignet.	Man kann auf einer Karte mit großem Maßstab mehr Einzelheiten erkennen, z. B. schmale Wege und Häuser. Das ist beim Wandern wichtig.
erstellen		Erstelle eine Übersicht mit den Unterschieden zwischen Nord- und Südpol.	**Nordpol:** – liegt in Eis und Wasser – Eisbären – Polartag zwischen März und September **Südpol:** – liegt auf dem Kontinent Antarktis – Pinguine – Polartag zwischen September und März

2 ***Löse die folgenden Aufgaben mithilfe des Atlas.***

a) Nenne alle Orte in Deutschland, die mehr als 1 Million Einwohner haben.

b) Vergleiche die Lage der Orte Mannheim und Stuttgart.

c) Beschreibe die Form Italiens.

d) Zeichne die Signatur für Erdnüsse.

e) Begründe, warum man von Wilhelmshaven mit dem Schiff schneller auf den Ostfriesischen Inseln als auf Helgoland ist.

f) Erstelle eine Übersicht mit den Ländern, die an der Ostsee bzw. an der Nordsee liegen.

Kontinente und Ozeane

1 ***Bilde richtige Sätze mithilfe der Karte.***

auf der Erde / gibt / Kontinente / sieben / es / .

____

zwischen / der Pazifische Ozean / und / liegt / Amerika / Asien / .

____

Meere / größer / Ozeane / als / sind / .

____

Europa / Atlantischen Ozean / Asien / zwischen / dem / liegt / und / .

____

Europa / auf / Nordhalbkugel / liegt / der / .

____

Südhalbkugel / die / Antarktis / liegt / der / auf / .

____

Asien / größte / ist / der / Kontinent / .

____

amerikanische / Kontinent / Südamerika / Nordamerika / besteht aus / der / und / .

____

Australien / Ozean / liegen am / Afrika / Indischen / und / .

____

Himmelsrichtungen

1 *Übersetze die Himmelsrichtungen in deine Muttersprache.*

Norden ______________________ Süden ______________________

Westen ______________________ Nordosten ______________________

Nordwesten ______________________ Osten ______________________

Nordosten ______________________ Südosten ______________________

2 *Trage die Himmelsrichtungen aus Aufgabe 1 richtig ein.*

3 *a) Bestimme, in welcher Himmelrichtung sich die Tafel, die Tür, der Schrank und die Fenster in deinem Klassenraum befinden. Folgender Merkspruch hilft dir dabei: „Im Osten geht die Sonne auf, im Süden nimmt sie ihren Lauf, im Westen wird sie untergehen, im Norden wird sie nie gesehen."*

____

____

b) Kontrolliere mithilfe eines Kompasses in deinem Smartphone, ob du die Aufgabe richtig gelöst hast.

4 ***Mit den Himmelsrichtungen kann man auch die Lage eines Ortes angeben.***

a) Ergänze im unteren Kasten die Himmelsrichtungen.

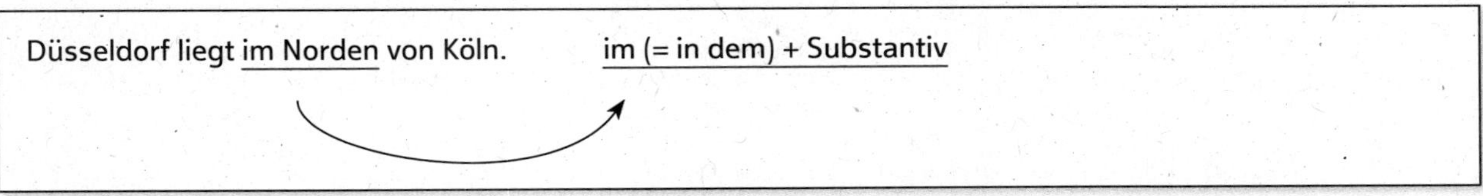

Düsseldorf liegt im Norden von Köln. → im (= in dem) + Substantiv

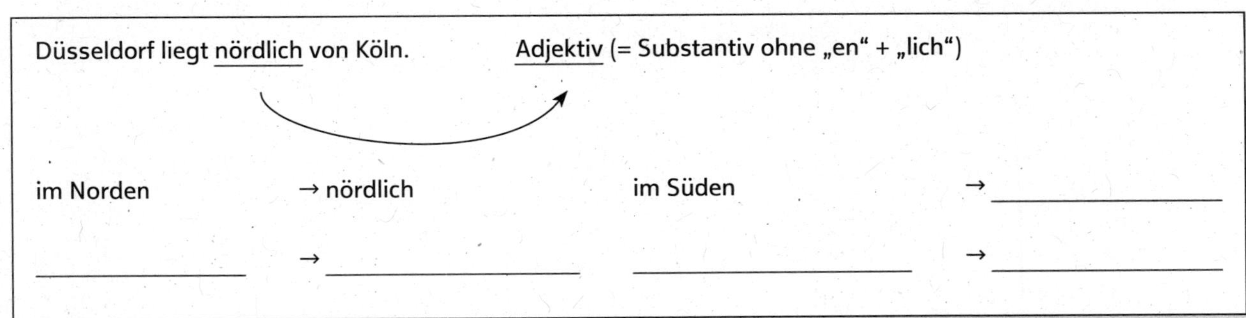

Düsseldorf liegt nördlich von Köln. → Adjektiv (= Substantiv ohne „en“ + „lich“)

im Norden	→ nördlich	im Süden	→ ________
________	→ ________	________	→ ________

b) Setze mithilfe einer geeigneten Atlaskarte die Substantive und Adjektive zur Lagebestimmung im Lückentext richtig ein.

Die Alpen liegen im ________ von München. Die Stadt München liegt ________ des Inns. ________ von Bayern liegt Tschechien. Baden-Württemberg liegt im ________ von Bayern. Im ________ von Bayern liegt Thüringen. Würzburg liegt ________ von Nürnberg. Fürth liegt ________ von Nürnberg. Der Main liegt ________ der Donau.

Höhendarstellung in Karten

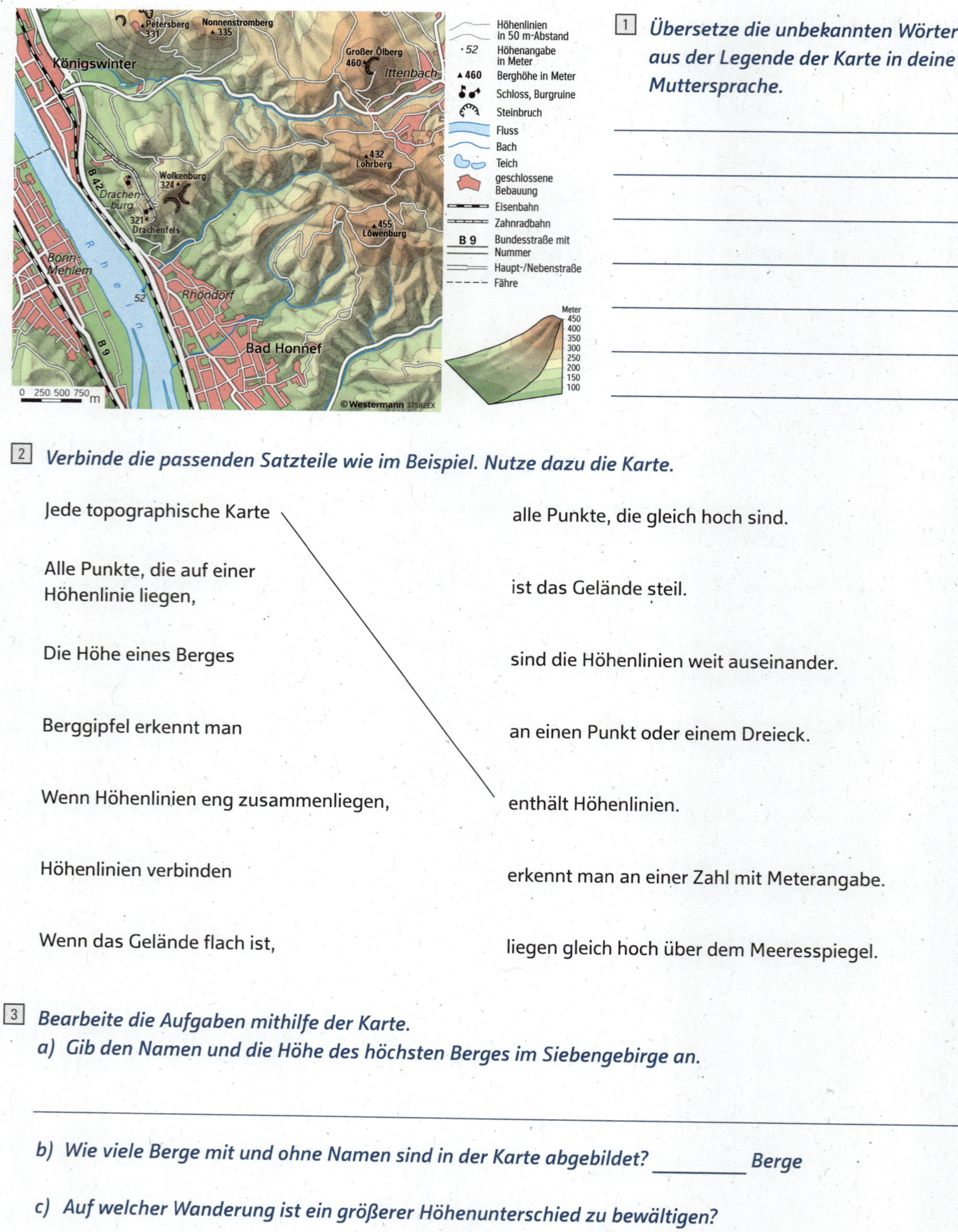

1 ***Übersetze die unbekannten Wörter aus der Legende der Karte in deine Muttersprache.***

____

____

____

____

____

____

____

2 ***Verbinde die passenden Satzteile wie im Beispiel. Nutze dazu die Karte.***

Jede topographische Karte	alle Punkte, die gleich hoch sind.
Alle Punkte, die auf einer Höhenlinie liegen,	ist das Gelände steil.
Die Höhe eines Berges	sind die Höhenlinien weit auseinander.
Berggipfel erkennt man	an einen Punkt oder einem Dreieck.
Wenn Höhenlinien eng zusammenliegen,	enthält Höhenlinien.
Höhenlinien verbinden	erkennt man an einer Zahl mit Meterangabe.
Wenn das Gelände flach ist,	liegen gleich hoch über dem Meeresspiegel.

3 ***Bearbeite die Aufgaben mithilfe der Karte.***

a) Gib den Namen und die Höhe des höchsten Berges im Siebengebirge an.

____

b) Wie viele Berge mit und ohne Namen sind in der Karte abgebildet? ________ *Berge*

c) Auf welcher Wanderung ist ein größerer Höhenunterschied zu bewältigen?

☐ vom Rhein bei Bad Honnef auf den Drachenfels (________ m)

☐ von Ittenbach auf den höchsten Berg des Siebengebirges (________ m)

Das Gradnetz

1 ***Beschrifte die Zeichnung mit den Begriffen im Wortspeicher.***

Längengrad – Breitengrad – Nordpol – Äquator – Nordhalbkugel – Südhalbkugel

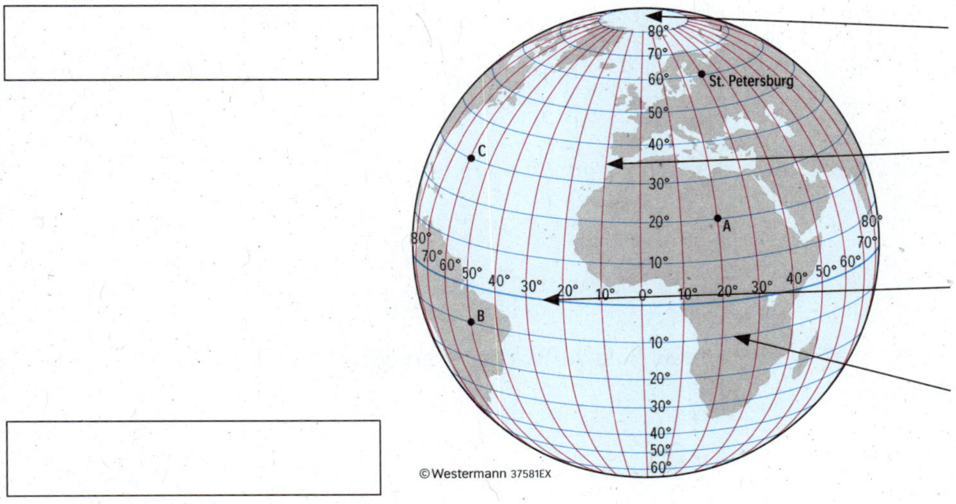

©Westermann 37581EX

2 ***Beschreibe die Lage der Punkte A – C im Gradnetz.***

Beispiel: St. Petersburg liegt auf 60° n. Br. und 30° ö. L.

Punkt A ______

Punkt B ______

Punkt C ______

3 ***Zeichne die Punkte D – F ins Gradnetz ein. Finde mithilfe des Atlas heraus, wie die jeweilige Region heißt.***

Beispiel: Punkt X liegt auf 20° s. Br. und 45° ö. L. Die Region heißt Madagaskar.

Punkt D liegt auf 0° Breite und Länge. ______

Punkt E liegt auf 80° n. Br. und 30° w. L. ______

Punkt F liegt auf 65° n. Br. und 20 w. L. ______

Atlasrallye

1 *Arbeite mit deinem Atlas.*

a) Suche die Stadt Landsberg am Lech im Atlas. Schreibe ihre Koordinaten auf.

____

b) Welche Stadt, die zwischen 100 000 und 500 000 Einwohner hat, liegt am nächsten?

____

c) Fahre von Landsberg am Lech auf der Hauptstraße nach Süden bis Schongau. An wie vielen Staustufen kommst du vorbei?

____

d) Steige jetzt in ein Kajak und paddle die Ammer flussaufwärts. Wie heißt das Schloss, das der Quelle des Flusses am nächsten liegt?

____

Zeichne die Signatur für ein Schloss hier hinein: ☐

e) Nenne die Schlösser, Kirchen und Klöster, die du in einer Entfernung von 30 km rund um Oberammergau findest.

____

f) Du befindest dich in der Nähe der Grenze zu Österreich. Finde den Namen seiner Hauptstadt heraus.

____

g) Suche die Stadt auf einer Atlaskarte. Nenne die Atlasseite und die Koordinaten der Stadt.

____

h) Nenne die Transportmittel, mit denen du diese Stadt erreichen kannst.

____

i) In welche Himmelsrichtungen musst du von Österreichs Hauptstadt aus fahren, um die folgenden Städte zu erreichen?

Bratislava: ______________

Zagreb: ______________

Mailand: ______________

Regensburg: ______________

Orientierung in Deutschland

1 ***Übersetze folgende Wörter in deine Muttersprache und trage die fehlenden Plural- bzw. Singularformen ein.***

Singular	Plural	in meiner Muttersprache
das Land	die Länder	
der Staat		
das Bundesland		
die Hauptstadt		
die (Groß-, Klein-) Stadt	die (Groß-, Klein-) Städte	
das Dorf		
der Berg	die Berge	
	die Gebirge	
das Hochgebirge		
das Mittelgebirge		
die Tiefebene		
der Fluss	die Flüsse	
	die Küsten	
der See	die Seen	
der Ozean		
bestehen aus		
liegen		
neben		

2 ***Schreibe verschiedene Möglichkeiten, einen Plural zu bilden, auf. Nutze dazu Wörter aus Aufgabe 1.***

Beispiel: das Land → die Länder

maskulin: ______________________________

feminin: ______________________________

neutrum: ______________________________

3 *Beschrifte die in der Karte erkennbaren Elemente. Verwende dazu möglichst viele Begriffe aus Aufgabe 1.*

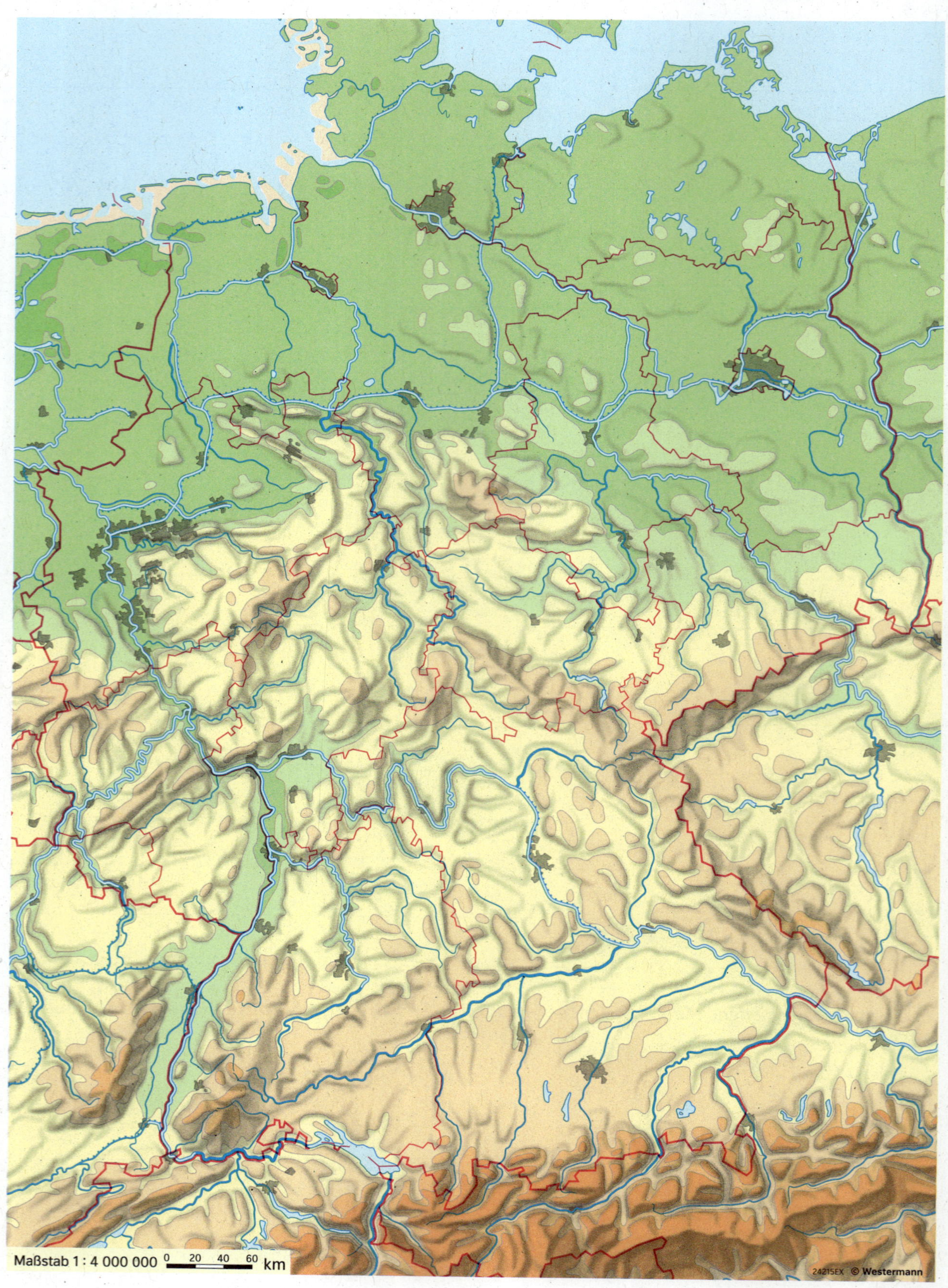

4 *Kombiniere die Silben zu den Namen der Bundesländer Deutschlands. Nimm den Atlas zu Hilfe.*

Schles – Bay – sen – rin – ern – Nieder – pom – sen – land – Baden – West – men – Ham – berg – rhein – Hes – fa – Saar – Sach – den – Thü – sen – Rhein – Hol – gen – sachsen – An – len – sach – Meck – len – Vor – Württem – lin – mern – burg – Bre – Ber – wig – land – Pfalz – Bran – halt – stein – burg – burg – Nord

____

____

____

____

____

____

____

5 *Trage die Namen der Bundesländer und ihre Hauptstädte (Lage und Name) in die Karte in Aufgabe 3 ein.*

6 *Deutschland wird in vier Großlandschaften eingeteilt: Hochgebirge, Mittelgebirge, Voralpenland und Norddeutsche Tiefebene. Ordne die Großlandschaften den Regionen zu und ergänze die Sätze. Nimm den Atlas zu Hilfe.*

N **Nord- und Ostseeküste bis Lippe – Mittellandkanal – Elbe:** ______________________

Typisch für diese Region ist, dass es sehr __________ *ist. Es gibt nur wenige* ______________,

die nicht höher als 200 m sind.

Lippe – Mittellandkanal – Elbe bis Donau: ______________________

In dieser Region gibt es viele __________. *Allerdings sind sie nicht sehr hoch. Der höchste Berg ist*

__________ *m hoch und heißt Feldberg. Er liegt im Schwarzwald.*

Donau bis Alpen: ______________________

Hier ist es auch sehr __________ *und es gibt viele große* __________.

S **Alpen:** ______________________

Der höchste Gipfel der deutschen Alpen ist die ______________ *mit* __________ *m.*

7 *Trage die Grenzen der Großlandschaften in die Karte in Aufgabe 3 ein.*

Orientierung in Deutschlands Küstenregionen

1 ***Benenne die in der Karte eingetragenen Meere, Inseln, Gewässer und Städte mithilfe des Atlas.***

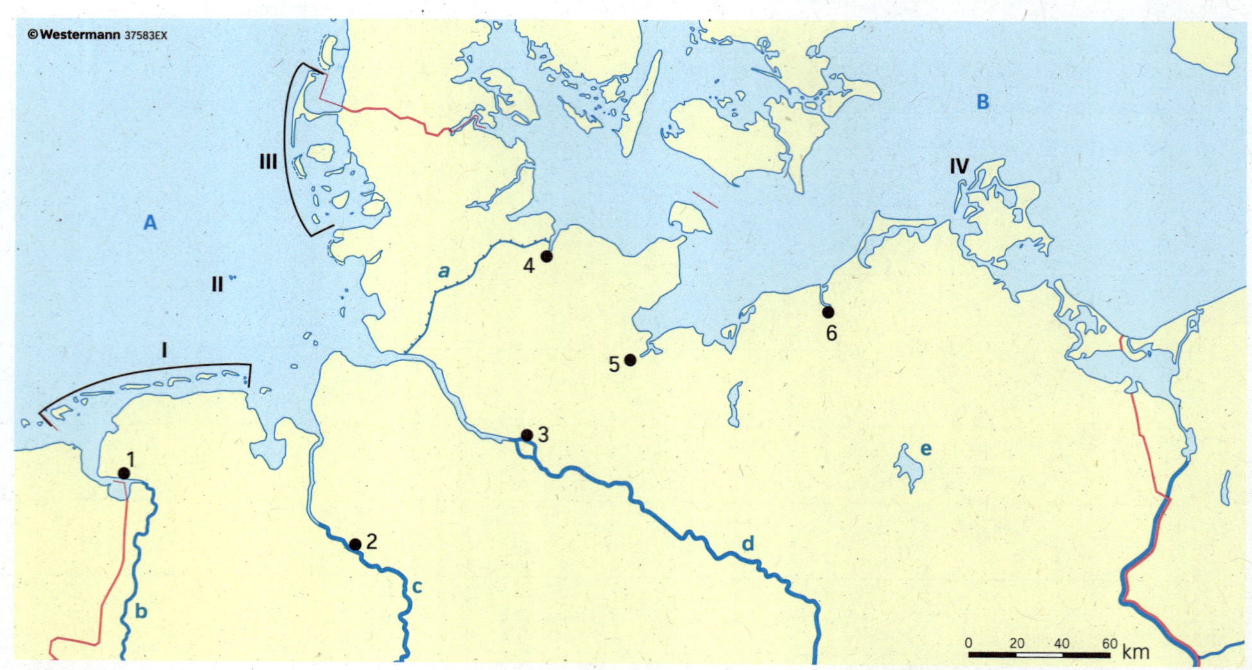

Meere

A ______________________ B ______________________

Inseln

I ______________________ II ______________________

III ______________________ IV ______________________

Flüsse/Seen/Kanäle

a ______________________ b ______________________

c ______________________ d ______________________

e ______________________

Städte

1 ______________________ 2 ______________________

3 ______________________ 4 ______________________

5 ______________________ 6 ______________________

Orientierung in Europa

1 ***Trage die Namen von je zwei Staaten in Nord-, West-, Mittel-, Süd-, Südost- und Osteuropa in die Karte ein.***

2 ***Beschrifte folgende Flüsse mit den Zahlen: Ebro (1), Po (2), Elbe (3), Rhein (4), Wolga (5), Donau (6), Dnepr (7).***

3 ***Ordne die Buchstaben in der Karte folgenden Gebirgen und Meeren zu.***

Gebirge (= Kleinbuchstaben): _____ Skanden _____ Apenninen _____ Kaukasus _____ Alpen _____ Pyrenäen

Meere (= Großbuchstaben): _____ Atlantischer Ozean _____ Ärmelkanal _____ Mittelmeer _____ Europäisches Nordmeer _____ Schwarzes Meer _____ Ägäisches Meer

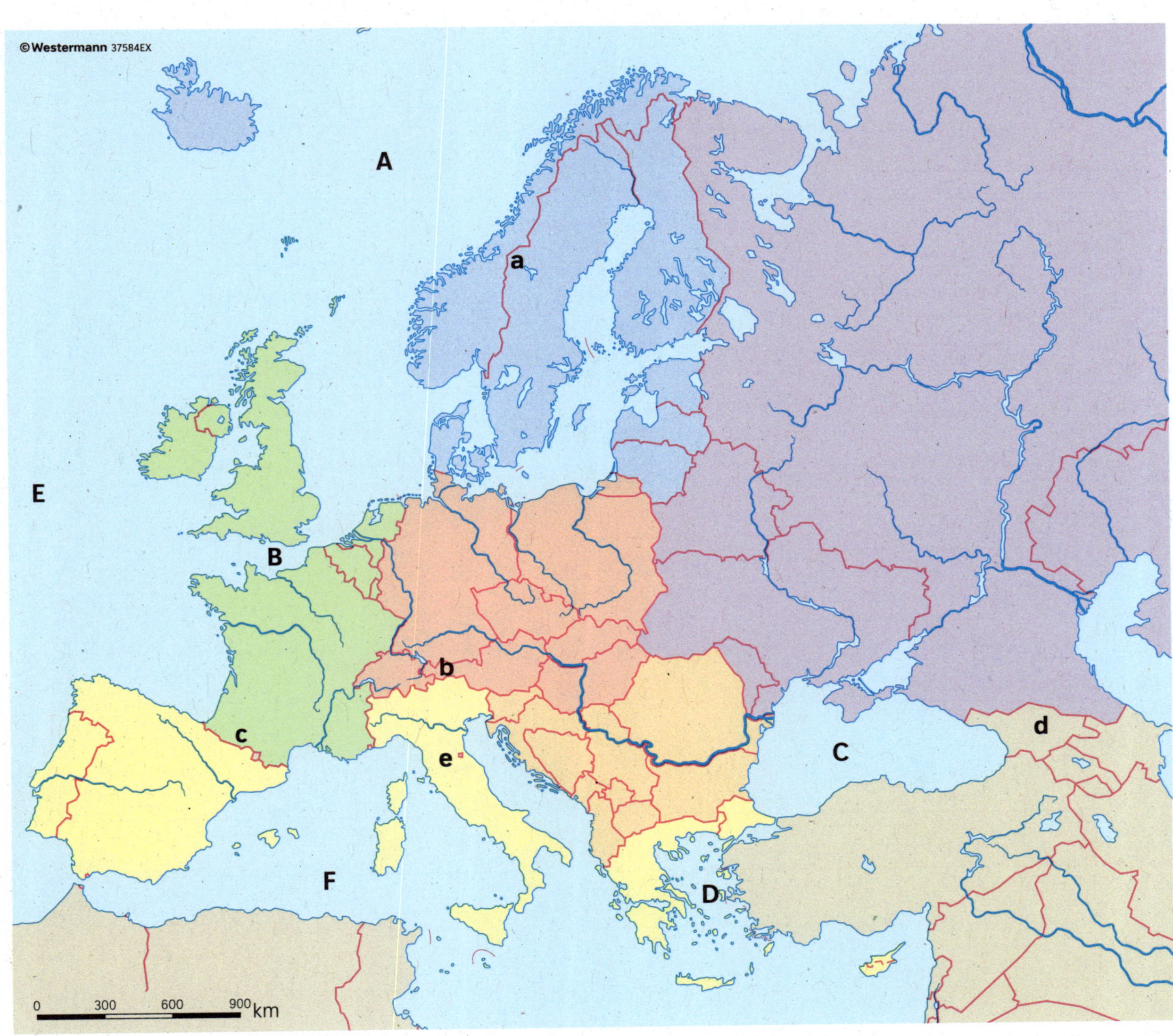

Orientierung im Orient

1 ***Benenne die in der Karte eingetragenen Meere, Gewässer, Gebirge, Staaten und Städte mithilfe des Atlas.***

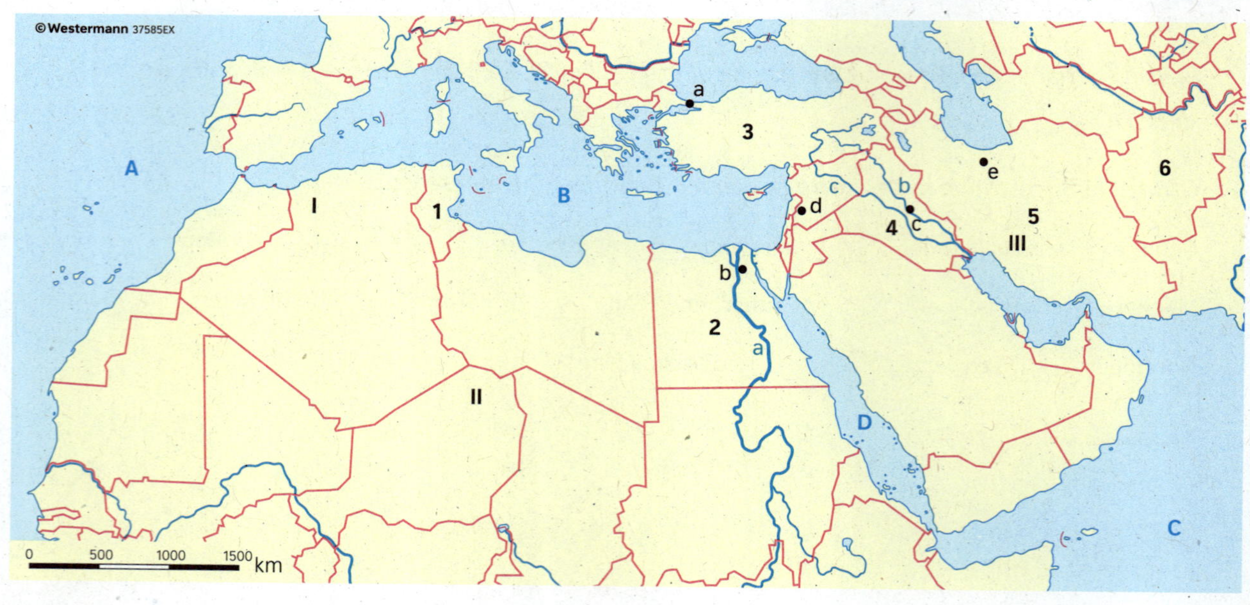

Meere

A ______________________ B ______________________

C ______________________ D ______________________

Flüsse/Seen/Kanäle

a ______________________ b ______________________

c ______________________

Gebirge

I ______________________ II ______________________

III ______________________

Staaten

1 ______________________ 2 ______________________

3 ______________________ 4 ______________________

5 ______________________ 6 ______________________

Städte

a ______________________ b ______________________

c ______________________ d ______________________

e ______________________

2 *Übersetze die Wörter (außer den Eigennamen) in deine Muttersprache und schreibe sie in die Klammern.*

Atlantischen – Amman – Bagdad – Bohrtürme (________________) – Erdöl (________________) – Euphrat – Fels (________________) – Fès – Gemüse (________________) – Hohen Atlas – Israel – Jerusalem – Jidda – Jordanien – Kaaba – Kairo – Kies (2x) (________________) – Khartum – Kufra – Libyen – Marokko – Meknes – Nil – Persischen – Rabat (2x) – Rote – Sand (2x) (________________) – Schutt (________________) – Sinai – Tassili der Adjer – Tigris – Tozeur – Tote (________________) – Weizen (________________) – Zagros – Zitrusfrüchte (________________) – zweitausendsechshundert-fünfunddreißig

3 *Ergänze den Lückentext mithilfe der Begriffe aus dem Wortspeicher in Aufgabe 2. Nimm entsprechende Atlaskarten zu Hilfe.*

Eine Pilgerfahrt nach Mekka

„Ein guter Moslem", hatte der Vater seinem Sohn Tarek und seiner Tochter Behiye eingeschärft, „muss einmal in seinem Leben nach Mekka pilgern." Behiye und Tarek hätten sich nicht träumen lassen, dass es so anstrengend werden würde.

Die beiden stammen aus Marrakech, einer Stadt, die am Fuße des ____________________ im Staat ____________________ liegt.

In diesem Land werden viele Kleidungsstücke hergestellt, z. B. in den Städten ____________________, ____________________ und ____________________.

In Marrakech nahmen sie die Bahn. Erst ab ____________________, der Hauptstadt des Landes, konnten sie die Küste des ____________________ Ozeans sehen.

In Algerien befanden sich Felder rechts und links der Bahnlinie. „Schau, hier wachsen ____________________, ____________________ und ____________________, fast wie bei uns zu Hause." „Stimmt", sagte Tarek, „aber guck mal dort, die ____________________. Dort wird der Rohstoff gewonnen, aus dem Benzin und Diesel hergestellt werden."

Später kamen sie mit dem jungen Nermin ins Gespräch, der aus Tripolis, der Hauptstadt von ____________________ stammt. Nermin war ein Angeber! Er erzählte, dass er viel Geld in der ____________________raffinerie bei Bengasi in der Großen Syrte verdient hatte.

„Wir sind nicht nur reich, wir haben auch die größten und schönsten Oasen, die __________-Oasen, die südlich der Sarir Kalansho, einer __________wüste liegen." „Wie kommt man dort hin?" fragte Behiye. „Wir reisen mit dem Kamel bis Djanet, überqueren den __________ und reisen dann von Ghat nach Misrata und danach weiter mit den Beduinen durch die Wüste", schlug Nermin vor.

„Können wir nicht mit dem Zug dorthin fahren?" „Nein", sagte Tarek, „die Bahnlinie endet in __________. Außerdem gibt es in Nermins Heimat sowieso nur __________-, __________-, __________- und __________wüsten. Dafür ist der Weg zu weit." Nermin verabschiedete sich beleidigt.

Mit dem Flugzeug reisten Tarek und Behiye nach Al-Qahira, dem arabischen Namen der ägyptischen Hauptstadt __________, die am __________ liegt.

„Ich habe noch nie die Pyramiden gesehen", sagte Tarek. „Wir könnten sie ansehen, dann Nil aufwärts bis nach __________, der Hauptstadt des Sudan, reisen und von dort in den Jemen fliegen. Irgendwann müssen wir das __________ Meer überqueren." „Wir sind aber auf Pilgerreise und nicht im Urlaub", sagte Behiye, „außerdem können wir auch über die __________-Halbinsel, und die Staaten __________ und __________ nach Mekka reisen." „Oh ja, dann könnten wir auch das __________ Meer sehen, es liegt zwischen __________, der Hauptstadt von Israel, und __________, der Hauptstadt von Jordanien."

„Aber erst müssen wir nach Mekka. Danach können wir im __________gebirge im Iran Ski fahren gehen, in Kuwait am __________ Golf baden gehen oder auf den Flüssen __________ und __________ den Irak erkunden. Aus __________, der Hauptstadt des Irak, können wir dann auch wieder nach Hause fliegen."

Sie kauften sich ein Busticket nach Port Sudan. Die Busfahrt war allerdings das Anstrengendste, das sie je erlebt hatten. Auf der Fähre nach __________, das nur 50 km von Mekka entfernt liegt, fürchteten sich Behiye und Tarek, denn das Meer ist hier bis zu __________ __________ Meter tief. In Mekka hüllten sie sich in reine Kleider, umkreisten die __________, den heiligen Stein, sieben Mal, beteten und kehrten in ihre Heimat zurück.

Wetter und Klima

1 ***Übersetze die folgenden Wörter in deine Muttersprache und suche sie dann im Buchstabensalat (senkrecht, waagerecht und diagonal).***

Vegetation ______________________

kühl ______________________

heiß ______________________

gemäßigt ______________________

Einfluss ______________________

mild ______________________

polar ______________________

Temperatur ______________________

Niederschlag ______________________

Klima ______________________

Hagel ______________________

Schneeregen ______________________

Nebel ______________________

Kondensation ______________________

Luftdruck ______________________

M	I	L	D	U	F	J	K	Ö	S	N	D	U	F	J	K	Ö	S	U	F	J	T
Q	R	E	I	N	F	L	U	S	S	E	I	N	H	E	I	S	S	N	H	L	E
D	K	G	Z	P	Ä	Ü	C	X	Y	G	Z	E	Ä	Ü	C	X	Y	P	A	Ü	M
T	U	Ü	Z	P	O	W	I	Y	H	N	Z	P	D	W	I	Y	H	P	G	W	P
G	J	E	H	Ö	H	L	Z	G	E	E	H	L	H	E	Z	G	E	Ö	E	L	E
B	N	W	R	L	E	O	A	K	V	B	R	U	E	O	R	K	I	L	L	O	R
M	A	P	T	L	A	M	N	R	S	E	T	F	A	M	N	S	S	L	H	M	A
G	E	M	Ä	S	S	I	G	T	S	L	Ä	T	S	I	G	T	C	S	S	I	T
A	S	D	F	G	H	J	K	K	Ä	D	F	D	H	J	K	K	Ä	H	H	J	U
V	E	G	E	T	A	T	I	O	N	G	E	R	A	T	I	O	N	T	L	T	R
A	S	D	F	G	H	J	K	K	Ä	D	F	U	H	J	K	K	Ä	G	H	A	K
S	C	H	N	E	E	R	E	G	E	N	S	C	E	N	V	B	X	N	H	J	G
O	E	Q	Ä	C	S	X	A	O	H	T	F	K	H	J	K	L	I	M	A	J	K
K	O	N	D	E	N	S	A	T	I	O	N	B	N	W	R	L	S	G	Z	A	L

2 ***Kreuze die Wetterelemente an.***

- ☐ Temperatur
- ☐ Luftfeuchtigkeit
- ☐ Luftballon
- ☐ Thermometer
- ☐ Luftdruck
- ☐ Föhn
- ☐ Bewölkung
- ☐ Niederschlag
- ☐ Gewitter
- ☐ Klima
- ☐ Wetterkarte
- ☐ Wind

3 ***Wie ermittelt man die Mitteltemperaturen? Ergänze die Sätze.***

Tagesmitteltemperatur: *Dazu misst man die Temperatur um ___ Uhr, ___ Uhr und ___ Uhr, nimmt den Wert von ___ Uhr mal zwei und teilt das Ergebnis durch ___.*

Monatsmitteltemperatur: *Dazu addiert man alle ______________________________ ______________________________ und teilt sie durch ______________________________.*

Jahresmitteltemperatur: *______________________________ ______________________________*

Um das ***Klima*** *zu beschreiben, nimmt man die Jahresmitteltemperatur der letzten ________ Jahre und berechnet den Mittelwert.*

4 ***a) Benenne die Wolken auf den Fotos. Schreibe ein „N" für Niederschlag hinter die Wolken, bei denen mit Regen zu rechnen ist.***

____

____

b) Nenne die Niederschlagsarten, die es im Winter gibt.

____

____

c) Was zeigt ein Wetterhahn? ______________________________

____

5 ***Wasser kann in drei Formen in der Luft auftreten: als Eis, Wasser oder Wasserdampf. Ergänze mithilfe der Begriffe im Wortspeicher die Eigenschaften der drei Formen (in den Klammern) und die Vorgänge beim Übergang (in den Pfeilen).***

flüssig – verdunsten – gefrieren – kondensieren – gasförmig – schmelzen – fest

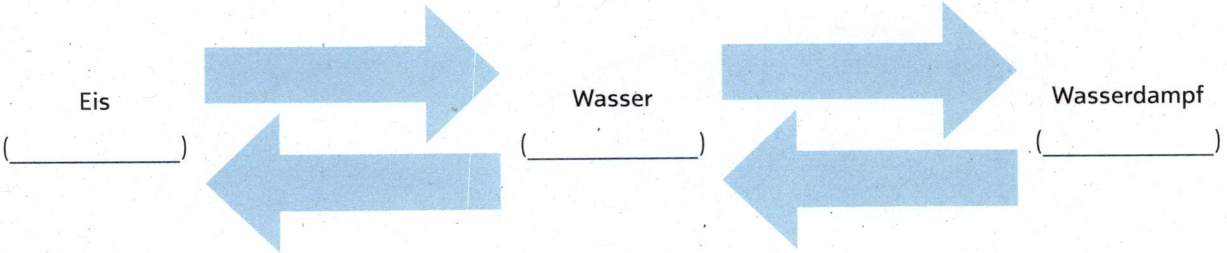

Eis (__________)

Wasser (__________)

Wasserdampf (__________)

6 ***Beschreibe das aktuelle Wetter an deinem Schulort.***

____

____

____

____

____

____

7 ***Die Abbildung zeigt die Entstehung von Föhn. Schreibe die richtigen Nummern aus der Abbildung vor die Sätze und Wörter.***

____ Die Wolken lösen sich auf.

____ An den Bergen steigt die feuchte Luft auf.

____ Es regnet aus den Wolken.

____ Die Luft kühlt sich ab und kondensiert.

____ Föhnfische

____ Die Luft erwärmt sich.

____ Deutschland

____ Alpen

____ Italien

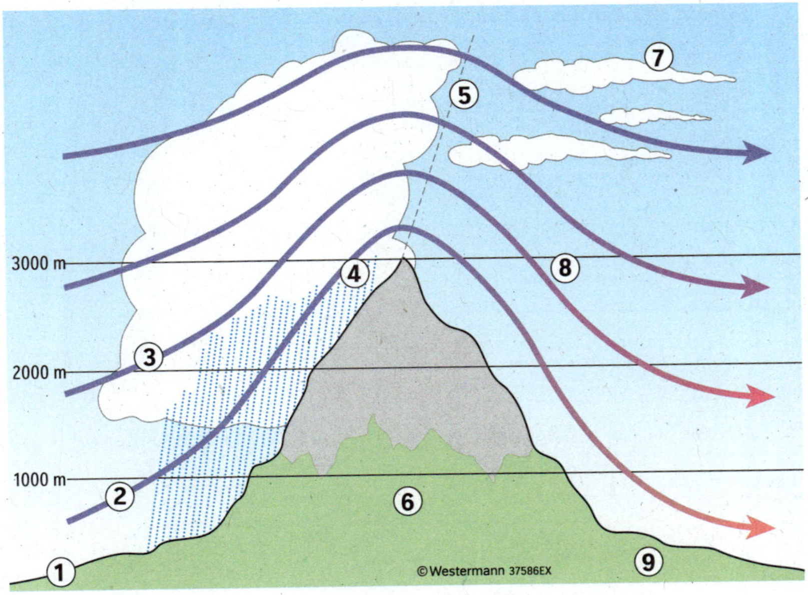

Klimazonen Europas

1 ***a) Lies den Text zum Klima in Europa.***

Das Klima in Europa wird von zahlreichen Einflussfaktoren bestimmt. Am wichtigsten ist die Breitenlage. Je nördlicher ein Ort liegt, desto schräger fallen die Sonnenstrahlen auf die Erdoberfläche und desto weniger wird sie dadurch erwärmt. Ebenfalls bedeutsam ist die Höhenlage, da pro 100 Höhenmeter die Temperatur im Mittel um 0,6 °C sinkt. Die Meere rund um Europa haben einen starken Einfluss auf das Klima. Das hängt damit zusammen, dass Wasser sich langsamer erwärmt als Land und diese Wärme auch langsamer wieder abgibt. Der warme Golfstrom, der aus dem Golf von Mexiko kommt und entlang der Westküste Europas strömt, bringt warmes Wasser mit. Das wirkt sich insbesondere im Winter auf die Temperaturen an den Küsten aus. Des Weiteren wird das Klima in Europa durch die vorherrschenden Westwinde bestimmt. Sie bringen feuchte Luft vom Atlantischen Ozean her nach Europa. Je weiter diese ins Innere des Kontinents gelangt, desto mehr Niederschlag ist aus den Wolken gefallen und desto trockener wird die Luft.

b) Entwickle mithilfe des Textes allgemeine Regeln zum Klima in Europa. Streiche dazu die falschen Wörter.

Je nördlicher ein Ort in Europa liegt, desto wärmer/kälter ist es.

Je höher ein Ort liegt, desto wärmer/kälter ist es.

Je weiter ein Ort in Europa vom Atlantischen Ozean entfernt ist, desto

– kleiner/größer sind die Unterschiede zwischen dem wärmsten und dem kältesten Monat.

– geringer/höher ist der Niederschlag im Jahr.

c) Erkläre. Nimm eine Atlaskarte zu Hilfe, um die Orte zu lokalisieren.

Warum ist es in Italien ganzjährig wärmer als in Island?

____

____

Warum ist es in Brest (Frankreich) im Sommer kühler als in Astrachan (Russland)?

____

____

Warum ist der Hafen von Murmansk auch im Winter eisfrei?

____

____

Warum ist die Jahresmitteltemperatur auf der Zugspitze niedriger als in Wien?

____

____

Warum ist der Niederschlag im Jahr in Plymouth höher als in Warschau?

2 ***a) Beschreibe das Klima in deiner Herkunftsregion. Benutze dafür Begriffe aus dem Wortspeicher.***

kalt – kühl – mild – warm – heiß – Minustemperaturen – Temperaturdifferenz – Niederschlag – trocken – feucht – Sommer – Winter

b) Ordne deine Heimatregion mithilfe einer geeigneten Atlaskarte einer Klimazone zu.

Klimadiagramme

1 *Trage die unbekannten Wörter aus dem Text in Aufgabe 2 hier ein, ergänze die Artikel bzw. die Infinitive und übersetze sie in deine Muttersprache.*

		in meiner Muttersprache

2 *Ergänze die Anleitung zum Zeichnen eines Klimadiagramms mithilfe der Begriffe im Wortspeicher.*

senkrecht – zwölf – Niederschlag – arid – Punkte – humid – blau – Temperatur – Striche

Zeichnen eines Klimadiagramms

- *Zeichne unten eine 12 cm lange, waagerechte Linie. Unterteile sie in zwölf Einheiten und schreibe zu jeder Einheit den Anfangsbuchstaben der Monate von Januar bis Dezember.*
- *Zeichne am linken und am rechten Ende der waagerechten Linie jeweils eine senkrechte Linie.*
- *Die linke Achse ist für die ______________________. Sieh dir vorher die Temperaturwerte des Ortes an. Liegen die Monatswerte alle über 0 °C, so beginne im Achsenkreuz mit 0 °C. Liegen sie darunter, beginne mit den entsprechenden Minustemperaturen. Der Abstand beträgt 1 cm je 10 °C. Schreibe die Einheit (= °C) oben an die Achse. Benutze rote Farbe.*
- *Die rechte Achse ist für den ______________________. Der Abstand beträgt 1 cm je 20 mm, ab 100 mm ist er 1 cm je 100 mm. Schreibe die Einheit (= mm) oben an die Achse. Benutze blaue Farbe.*

- Jetzt trage die Werte für Niederschlag und Temperatur der Klimastation ein. Danach verbinde die Temperaturwerte mit einer roten Linie, die Niederschlagswerte mit einer ______________________.
- Schreibe den Namen des Ortes, ihre Höhe über dem Meer, die Jahresmitteltemperatur und den Jahresniederschlag über das Diagramm.
- Dort, wo die Temperaturkurve über der Niederschlagskurve liegt, das Klima also ______________________ (= trocken) ist, zeichne rote ______________________ in die Fläche zwischen den Kurven.
- Dort, wo die Niederschlagskurve über der Temperaturkurve liegt, das Klima also ______________________ (= feucht) ist, zeichne senkrechte blaue ______________________ in die Fläche zwischen den Kurven.

3 ***Beschrifte das Klimadiagramm.***

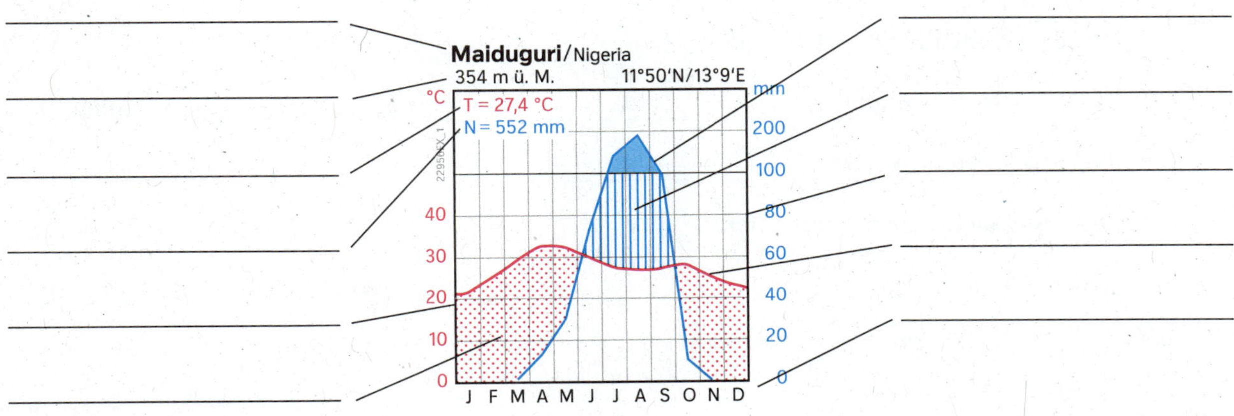

4 ***Zeichne ein Klimadiagramm von Berlin-Dahlem anhand folgender Daten.***

Berlin-Dahlem/Deutschland, 51 m ü. M.

	Jan	Feb	Mär	Apr	Mai	Jun	Jul	Aug	Sep	Okt	Nov	Dez	Jahr
T in °C	0,5	1,2	4,6	8,7	13,9	16,6	18,4	17,8	13,6	9,1	4,4	1,7	9,2
N in mm	43	36	41	38	53	67	55	62	45	37	45	57	578

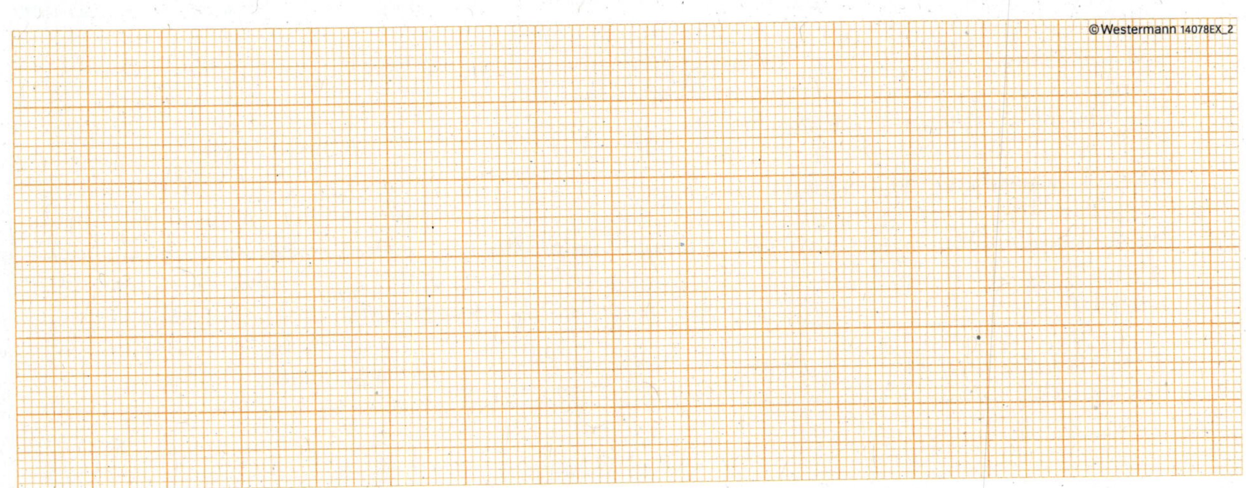

5 ***Werte das Klimadiagramm von Oimjakon aus.***

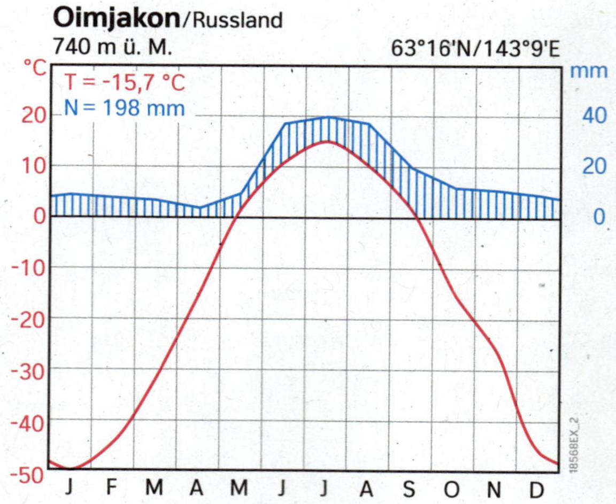

1. Schritt: Angaben zur Klimastation

Oimjakon liegt im Staat ________________ auf einer Höhe von ______ m. Die Stadt liegt im Nordosten des asiatischen ________________.

2. Schritt: Angaben zu den Temperaturen

Der wärmste Monat ist der ________________ mit ______ °C, der kälteste der ____________ mit ______ °C. Der Temperaturunterschied zwischen dem wärmsten und dem kältesten Monat beträgt ______ °C.

In den Monaten ________________________ liegt die Mitteltemperatur unter 0 °C.

Die Jahresmitteltemperatur von Oimjakon beträgt ______ °C.

3. Schritt: Angaben zu den Niederschlägen

Der Monat mit dem geringsten Niederschlag ist mit ______ mm der ________________, der Monat mit dem höchsten Niederschlag ist der ____________ mit ______ mm. Die Niederschläge sind ganzjährig ____________, sie liegen unter ______ mm pro Monat.

Der Jahresniederschlag in Oimjakon beträgt ______ mm.

4. Schritt: Klassifizierung des Klimas

Da die Temperaturkurve das ganze Jahr unter der Niederschlagskurve liegt, ist das Klima in Oimjakon das ganze Jahr über ____________. Die große Temperaturdifferenz zwischen dem wärmsten und dem kältesten Monat zeigt, dass es sich um ein ________________ Klima handelt.

6 *Werte das Klimadiagramm von Berlin-Dahlem aus Aufgabe 4 aus.*

Wasserkreislauf

1 *Suche im Wörterbuch die Verben, die zu den Wörtern gehören, und übersetze die Wörter in deine Muttersprache.*

	Verb	in meiner Muttersprache
Kondensation		
Verdunstung		
Abfluss		
Absinken		
Abkühlung		

2 *Beschreibe den in der Abbildung dargestellten Wasserkreislauf.*

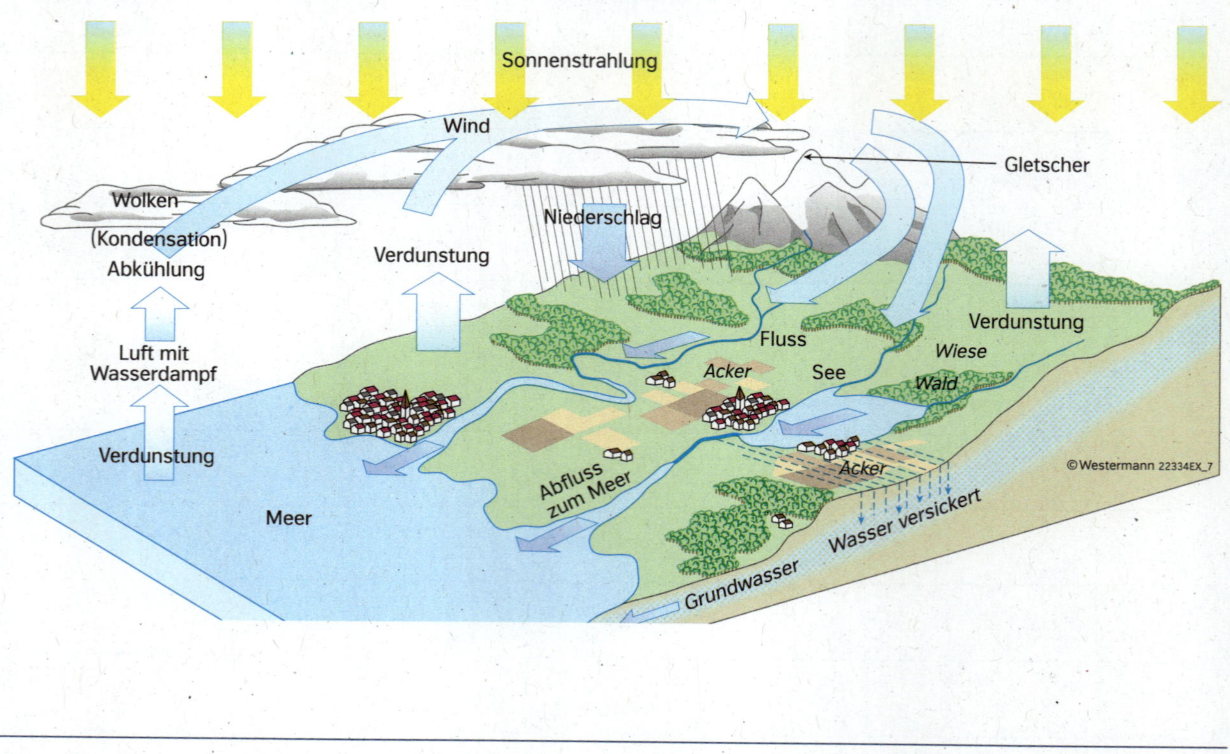

Passatkreislauf

1 *Lies den Text durch und beantworte dann die Fragen.*

Der Passatkreislauf beginnt am Äquator. Dort steht die Sonne im Zenit, die Sonnenstrahlen scheinen senkrecht auf die Erde. Dadurch wird die Erdoberfläche stark erhitzt und sehr warme und feuchte Luft steigt auf. So entsteht am Boden ein Tiefdruckgebiet.
Die aufsteigende Luft kühlt sich ab. Das Wasser, das sie enthält, kondensiert und es bilden sich viele kleine Wassertröpfchen. So entstehen Wolken, die sich von Zeit zu Zeit abregnen. Diesen kräftigen Regen nennt man Zenitalregen. Er ist der Grund für die hohen Niederschläge in Äquatornähe.
Die nun kühlen und trockenen Luftmassen fließen in der Höhe nach Norden bzw. Süden ab und sinken an den Wendekreisen auf die Erdoberfläche. Dort bildet sich ein Hochdruckgebiet, aus dem die Luft wieder zum Tiefdruckgebiet am Äquator fließt.
Diese Luftmassen werden als Passatwinde bezeichnet: der Nordostpassat auf der Nordhalbkugel und der Südwestpassat auf der Südhalbkugel. Sie heißen wie die Himmelsrichtung, aus der sie kommen.
Am Äquator beginnt der Kreislauf dann von vorne.

a) Erkläre, wie Wolken entstehen.

____

____

b) Begründe, warum Zenitalregen besonders starke Regenfälle sind.

____

____

c) Erkläre, warum der Luftdruck am Äquator tief ist.

____

____

d) Begründe, warum es an den Wendekreisen bei 23,5° Nord und Süd Wüsten gibt.

____

____

e) Benenne den Wind, der den Passatkreislauf schließt.

____

f) Nenne die Richtung, aus der die Winde aus Frage e) wehen.

____

2 *Vervollständige die Grafik.*

a) Trage oben in die Kästen ein, was an diesen Stellen passiert. Nutze die Begriffe im Wortspeicher.

Zenit – Absinken trockenkalter Luftmassen – Nordostpassat – Wolkenbildung und Niederschläge – Aufsteigen feuchtheißer Luftmassen – Südostpassat – Erwärmung der Luftmassen

b) Trage die Hoch- und Tiefdruckgebiete in die quadratischen Kästen ein.

c) Ergänze in den Kästen unten die Vegetationszonen mithilfe einer Atlaskarte.

Regenzeiten in den Tropen

1 **Bilde aus der Silbenschlange sinnvolle Wörter und übersetzte sie in deine Muttersprache. Tipp: Alle Wörter sind in der Karte zu Aufgabe 2 enthalten.**

natiowansavannalparktrockengnunesaungvannederdorn

	in meiner Muttersprache

2 **Beschreibe mithilfe der Wörter aus Aufgabe 1, was auffällig an der Wanderroute der Gnus im Jahresverlauf ist. Suche nach einer Erklärung.**

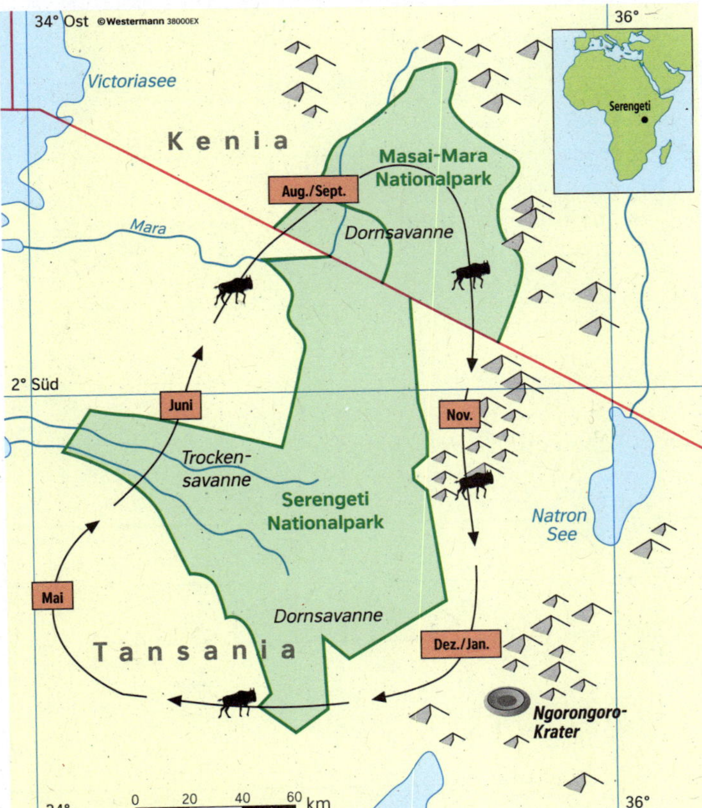

3 *Lies dir den Text durch und bearbeite dann die Aufgaben.*

Der mittägliche Zenitstand der Sonne pendelt in den Tropen innerhalb eines Jahres einmal zwischen den Wendekreisen hin und her. Darum steht an allen Orten zwischen 23,5° Nord und Süd, mit Ausnahme der Wendekreise, die Sonne zweimal im Jahr genau senkrecht.
Der Zenitstand bewirkt die Zenitalregen. Das sind heftige Regenfälle und Gewitter im Bereich der innertropischen Konvergenzzone (ITC), die durch das Aufsteigen feuchter Luftmassen und deren Abkühlung in der Höhe entstehen.
Da sich die Luftmassen jedoch erst erwärmen müssen, folgen die heftigen Regenfälle erst ungefähr vier Wochen nach dem Zenitstand der Sonne. Dann dauern sie etwa zwei Monate an.
Direkt am Äquator gibt es daher zwei Regenzeiten, zu den Wendekreisen hin rücken sie näher aneinander, bis es bei 10° Nord und Süd nur noch jeweils eine Regenzeit gibt. Ab ca. 20° Nord bzw. Süd fällt kein Regen mehr.
In den Tropen können drei Zonen unterschieden werden: die immerfeuchten Tropen zwischen 10° Nord und Süd, in denen es auch außerhalb der Regenzeiten zu Gewittern kommt, die wechselfeuchten Tropen, in denen die Länge der Regenzeit in Richtung Wendekreise abnimmt, und die trockenen Randtropen ohne Niederschläge.

a) Beschreibe den Weg der Sonne über Afrika innerhalb eines Jahres.

____

____

b) In welchen Regionen Afrikas gibt es zwei, wo nur eine Regenzeit?

____

____

c) Wie unterscheiden sich folgende Regionen in Bezug auf Niederschlag?

trockene Randtropen: ______________________________

immerfeuchte Tropen: ______________________________

wechselfeuchte Tropen: ______________________________

d) Begründe die Wanderung der Gnus.

____

____

4 *Die Klimadiagramme zeigen das Klima an drei Orten in Afrika zwischen dem Äquator und 14° N.*

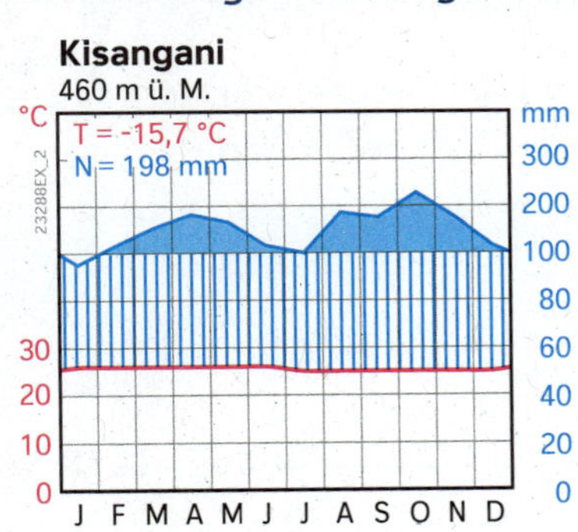

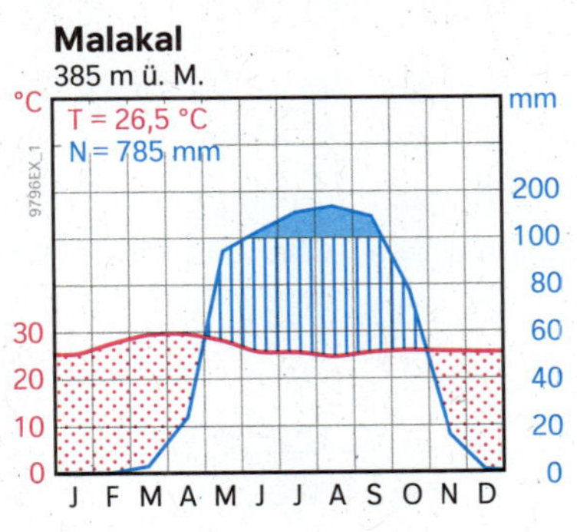

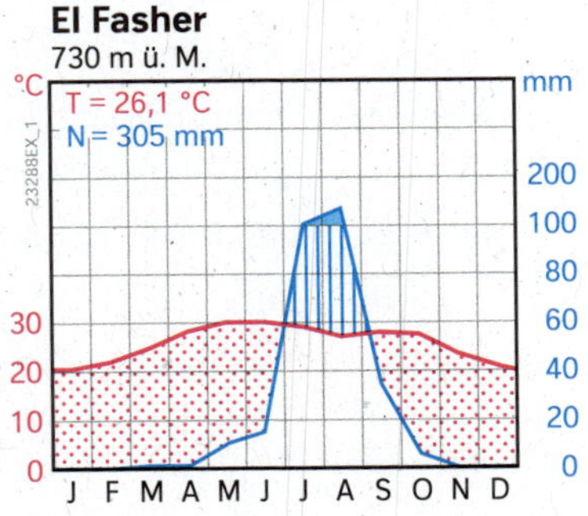

a) Wie oft steht die Sonne an den drei Orten jeweils im Zenit?

Kisangani: ______ Malakal: ______ El-Fasher: ______

b) Ordne die Klimadiagramme von Norden nach Süden.

N ____________________

____

S ____________________

c) Suche die Orte im Atlas und prüfe, ob deine räumliche Einordnung in Aufgabe b) stimmt.

Tages- und Jahreszeitenklima

1 ***Werte die beiden Klimadiagramme mithilfe der Begriffe im Wortspeicher aus.***

ganzjährig humid – sehr niedrige Jahresdurchschnittstemperatur – sehr hohe Niederschlagssumme – Niederschlagsmaximum im August – Temperatur ganzjährig über 23 °C – Temperaturdifferenz 26 °C – sieben Monate unter 0 °C – Niederschlagsmaximum im Mai – ganzjährig humid – vier Monate über 5 °C – kaum Temperaturschwankungen über das Jahr hinweg

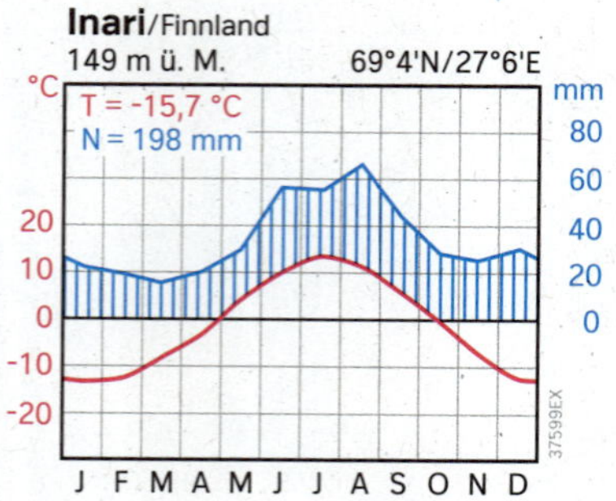

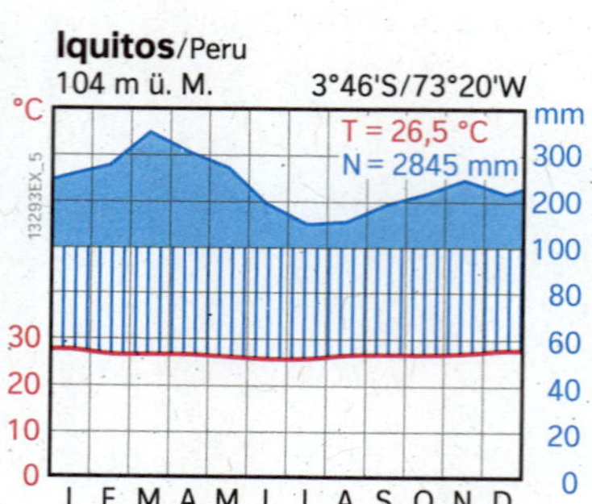

2 ***Ordne die Klimadiagramme aus Aufgabe 1 dem Jahres- und dem Tageszeitenklima zu.***

Beim **Jahreszeitenklima** gibt es über das Jahr hinweg deutliche Temperaturunterschiede, wodurch die Jahreszeiten entstehen.
Beim **Tageszeitenklima** gibt es im Laufe des Jahres kaum Temperaturunterschiede.

Inari (Finnland): ____________________ Iquitos (Peru): ____________________

Schalenbau der Erde

1 ***Übersetze die Wörter in deine Muttersprache und ergänze die Artikel der Nomen.***

glühend ______________________

______ Schale ______________________

fest ______________________

flüssig ______________________

zähflüssig ______________________

______ Lufthülle ______________________

äußerer ______________________

dünn ______________________

schwer ______________________

______ Jahrmillion ______________________

______ Kern ______________________

______ Kruste ______________________

______ Gestein ______________________

innerer ______________________

2 ***Lies den Text. Kreuze danach die richtigen Aussagen an und korrigiere die falschen.***

Die Erde besteht aus verschiedenen Schalen: der festen äußeren Erdkruste, auf der wir Menschen leben, dem Erdmantel, der im oberen Teil fest, im unteren Teil aus zähflüssigem Gestein (= Magma) besteht, dem äußeren Erdkern, der flüssig ist, sowie dem inneren Erdkern, der fest ist.
Am Anfang war unsere Erde ein riesiger Ball aus glühendem Gestein. Langsam kühlte er sich ab und an seiner Oberfläche entstand eine dünne, feste Kruste. Die schweren Materialien Eisen und Nickel sanken in das Innere der Erde und bildeten den Erdkern.
Langsam bildete sich eine Lufthülle (= Atmosphäre). Über Jahrmillionen von Jahren entstanden die Urmeere. In diesen Meeren begann das Leben auf der Erde.

☐ Wir leben auf der Erdkruste.

____

☐ Der Erdkern besteht aus leichten Materialien.

____

☐ Der innere Erdkern ist flüssig.

____

☐ Die Lufthülle der Erde wird als Atmosphäre bezeichnet.

____

☐ Das Leben entstand in der Lufthülle der Erde.

____

3 *Beschrifte die Abbildung zum Schalenbau der Erde.*

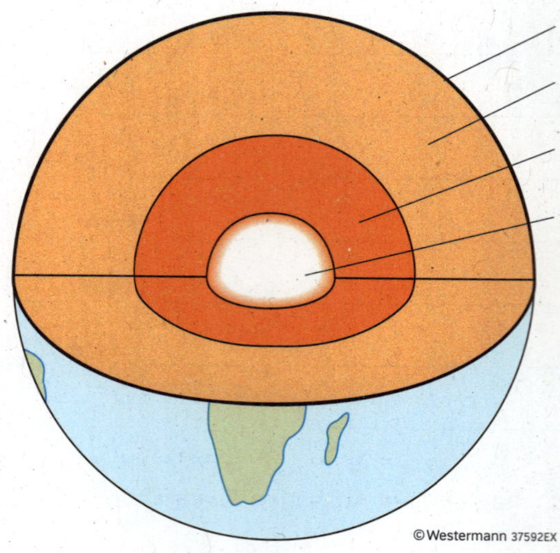

4 *Schreibe alle zusammengesetzten Hauptwörter aus dem Text in Aufgabe 2 auf und setze die richtigen Artikel davor.*

______ ____________________ ______ ____________________

______ ____________________ ______ ____________________

______ ____________________ ______ ____________________

______ ____________________ ______ ____________________

5 *Trenne die Wörter aus Aufgabe 4 in ihre Bestandteile. Schreibe alle Nomen auf und setze die richtigen Artikel davor.*

______ ____________________ ______ ____________________

______ ____________________ ______ ____________________

______ ____________________ ______ ____________________

______ ____________________ ______ ____________________

______ ____________________ ______ ____________________

Vulkanismus

1 ***Übersetze die Wörter in deine Muttersprache und ergänze die Artikel.***

______ Magmakammer	______________	______ Bomben	______________
______ Lava	______________	______ Lapilli	______________
______ Schlot	______________	______ Krater	______________
______ Gas	______________	______ Seitenkrater	______________
______ Rauch	______________	______ Staub	______________
______ Dampf	______________	______ Asche	______________

2 ***Beschrifte die Abbildung mit den Begriffen aus Aufgabe 1.***

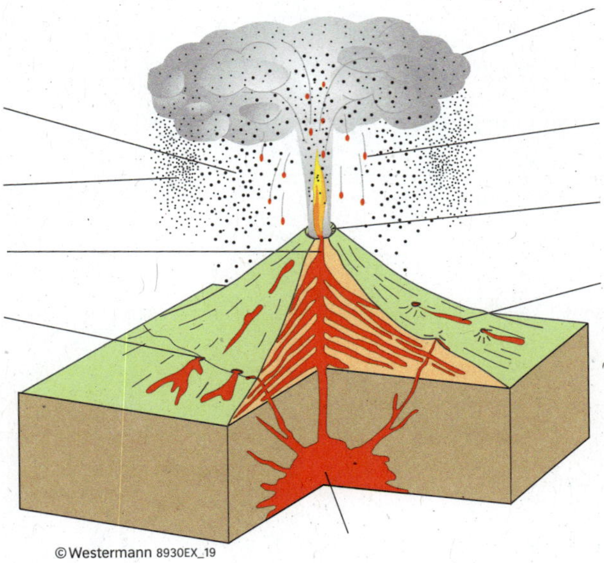

3 ***Beschreibe mithilfe einer geeigneten Atlaskarte die Verteilung von Vulkanen auf der Erde.***

____

____

____

____

____

Plattentektonik

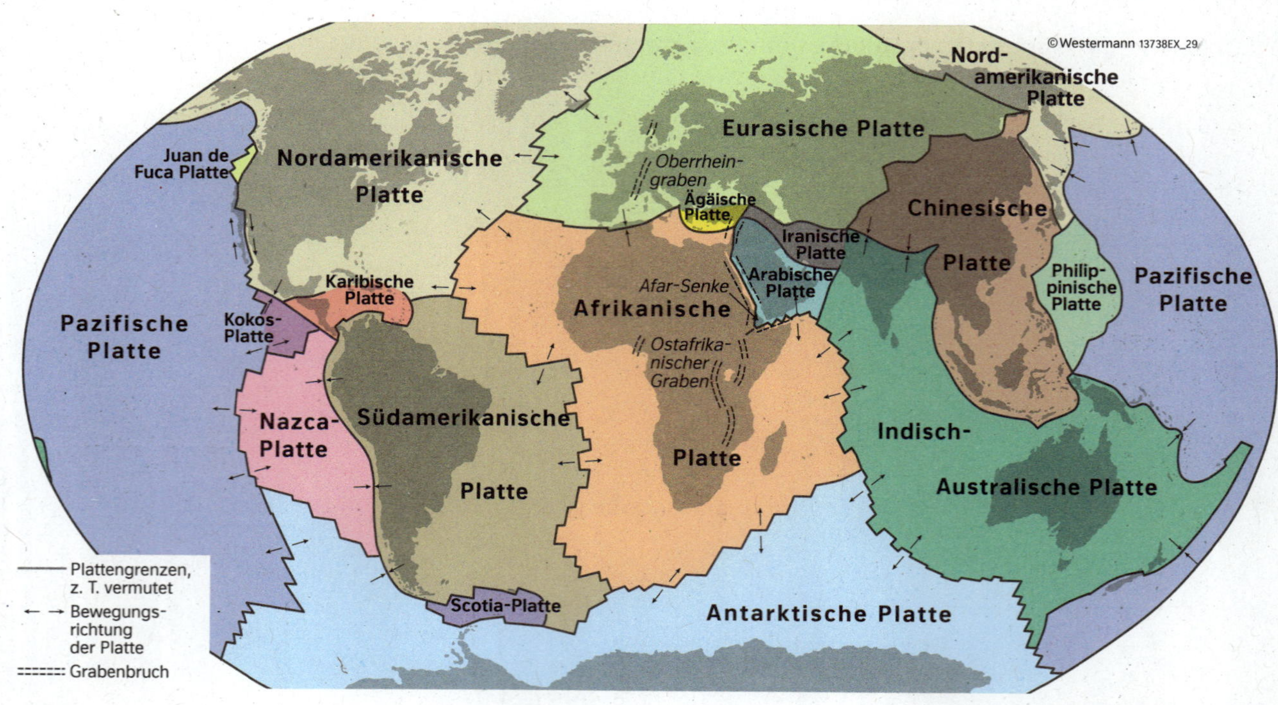

1 *Nenne die Platten, auf denen die folgenden Staaten liegen.*

Deutschland ______________________________

Indien ______________________________

Südafrika ______________________________

Brasilien ______________________________

Kanada ______________________________

Australien ______________________________

2 *Suche auf einer physischen Weltkarte im Atlas: Mittelozeanischer Rücken, Marianengraben, Himalaya. Vergleiche ihre Lage mit den Plattengrenzen.*

____

____

____

____

____

____

____

3 ***Ergänze den Lückentext mithilfe der Begriffe im Wortspeicher.***

Erdkruste – Vulkanismus – Gebirge (2x) – Tiefseegraben – aneinander – sinkt –Erdbeben – Magma

An den Grenzen der einzelnen Platten finden drei unterschiedliche Vorgänge statt:

- *Zwei Platten entfernen sich voneinander (= Divergenz). Dabei tritt entlang des Risses ______________ an die Erdoberfläche und bildet neue ______________.*

Beispiel: Mittelozeanischer Rücken.

- *Zwei Platten bewegen sich aufeinander zu (= Konvergenz). Dabei ______________ die schwerere Platte unter die leichtere. Es bilden sich ein ______________ im Meer (z. B. Marianengraben) und ein ______________ an Land. An diesen Plattengrenzen kommt es neben Erdbeben häufig auch zu ______________. Bei der Kollision zweier Kontinente entsteht ebenfalls ein ______________ (z. B. der Himalaya).*

- *An einigen Plattengrenzen gleiten die Platten ______________ vorbei. Dabei verhaken sie sich jedoch an den Rändern. Das führt zu Spannungen, die sich ruckartig lösen. Dadurch entstehen ______________ (z. B. an der San-Andreas-Spalte in Kalifornien).*

4 ***Beschreibe mithilfe des Textes in Aufgabe 3 die Vorgänge, die an folgenden Plattengrenzen ablaufen.***

Südamerikanische Platte – Afrikanische Platte

____

____

Indisch-Australische Platte – Chinesische Platte

____

____

Pazifische Platte – Nordamerikanische Platte

____

____

Die Entstehung der Alpen

1 ***Übersetze die Wörter in deine Muttersprache.***

das Gestein ______________________
das Sediment ______________________
die Abtragung ______________________
abgestorben ______________________
das Fossil ______________________
die Pflanzen ______________________
der Meeresboden ______________________
die Faltung ______________________
die Hitze ______________________
die Ablagerung ______________________
die Schicht ______________________
die Erosion ______________________
die Hebung ______________________
der Kalkstein ______________________
das Eis ______________________
schieben ______________________
der Druck ______________________

2 ***Beschrifte die Abbildungen zur Entstehung der Alpen. Benutze dabei Begriffe aus Aufgabe 1.***

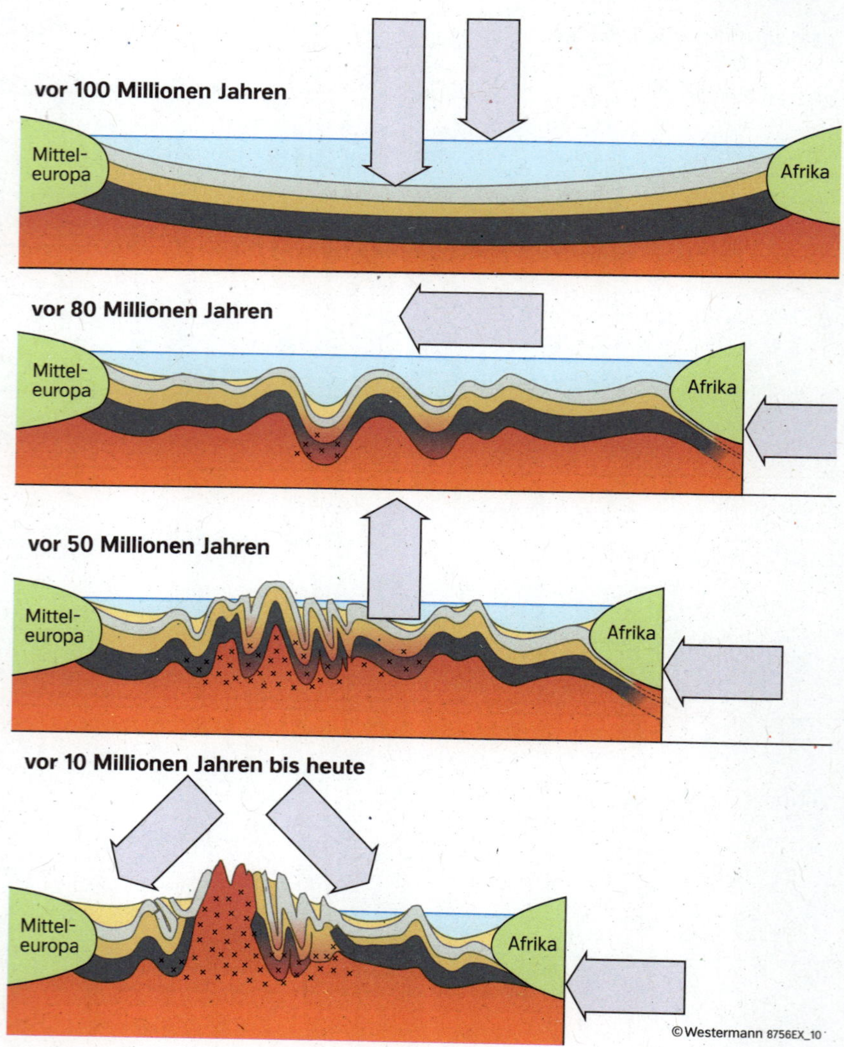

3 ***Beschreibe anhand der Abbildungen in Aufgabe 2 die Entstehung der Alpen, indem du sinnvolle Sätze bildest.***

Afrika / früher / und / Mitteleuropa / ein Meer / trennte / . ______________________________

____

Sedimente / In diesem Meer / lagerten sich / und / tote Pflanzen / ab / . ______________________________

____

Gesteinsschichten / und / Druck / Hitze / Durch / entstanden / . ______________________________

____

Später / Afrika / auf / schob sich / Mitteleuropa / zu / . ______________________________

____

Falten / Die Schichten / bildeten / . ______________________________

____

dem Meer / hob sich / Das Gestein / aus / heraus / . ______________________________

____

erodierten / Wind / und / Eis / Wasser / und / das Gestein /. ______________________________

____

4 ***Begründe, warum man die Alpen als Faltengebirge bezeichnet.***

____

____

____

____

5 ***Suche die folgenden Wörter im Buchstabensalat (senkrecht, waagerecht und diagonal).***

Faltung – Druck – Hebung – abgestorben – Fossil – Kalkstein – Hitze – Erosion – entstehen – Eis – schieben – Sediment – Gesteinsschichten

A	F	H	J	D	N	H	Q	S	A	B	G	E	S	T	O	R	B	E	N
F	Y	Z	A	D	R	E	E	I	K	M	O	R	T	U	W	Z	A	B	C
A	R	T	Z	U	R	I	O	B	P	Ü	A	F	O	S	S	I	L	J	K
L	X	C	V	B	N	U	M	Q	U	E	R	T	Z	E	U	D	R	U	C
T	Ü	A	S	G	D	F	C	G	H	N	H	L	Ö	S	Ä	Y	X	C	K
U	I	Y	P	C	N	Y	U	K	U	G	G	E	B	S	M	H	T	Ä	A
N	O	X	Ü	V	P	U	I	Ö	S	H	R	E	B	A	Q	J	Z	Y	L
G	P	C	A	E	Ü	X	G	Ä	I	B	T	A	S	U	W	K	U	X	K
N	Ü	V	S	H	I	T	Z	E	O	J	O	S	Q	T	N	L	I	C	S
M	L	B	D	N	A	U	P	Y	R	K	Z	D	W	H	E	G	O	V	T
I	A	N	F	M	S	V	Ü	X	P	T	U	D	E	J	R	I	P	F	E
Q	E	N	T	S	T	E	H	E	N	L	B	F	R	N	O	Y	N	B	I
W	S	M	G	Q	D	B	A	C	Ü	Ö	I	A	T	K	S	A	Ü	N	N
E	D	Q	S	C	H	I	E	B	E	N	O	G	Z	L	I	X	A	M	J
I	F	W	H	W	F	N	S	V	A	Ä	G	H	U	Z	O	C	S	Q	K
S	G	E	J	E	G	M	D	B	S	E	D	I	M	E	N	T	D	W	N
T	H	R	T	I	G	R	E	N	H	X	U	K	I	Ä	P	B	F	E	I
Z	J	T	K	R	H	Q	F	M	E	C	R	L	O	W	Ü	N	G	R	E
E	K	Z	L	T	J	W	G	Q	B	V	E	Ö	P	Y	I	M	H	T	T
G	E	S	T	E	I	N	S	S	C	H	I	C	H	T	E	N	J	Z	S

6 ***Bilde mit je drei Wörtern aus Aufgabe 5 zwei sinnvolle Sätze.***

Gletscher

1 ***Welche Strukturen eines Gletschers (s. Abbildung) kannst du im Foto erkennen? Beschrifte das Foto wie im Beispiel.***

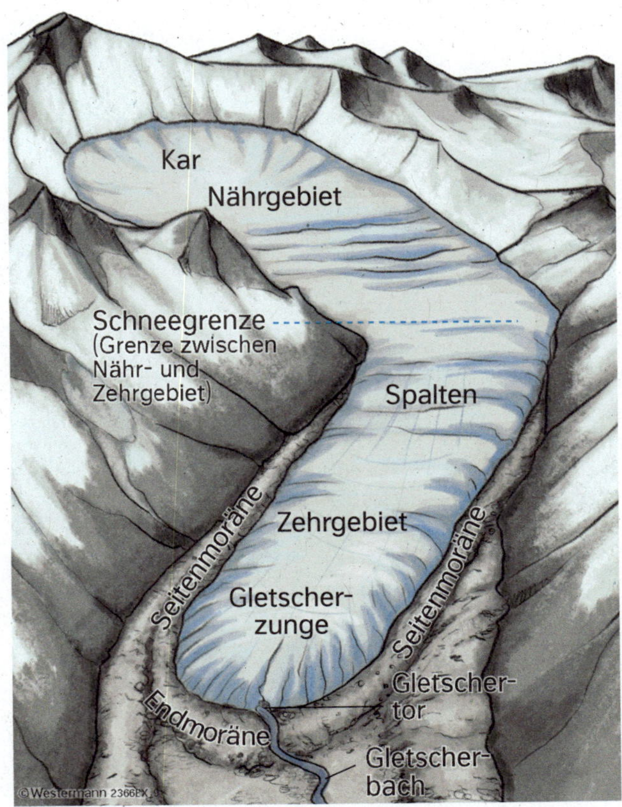

2 ***Übersetze die Wörter in deine Muttersprache und ergänze***

– das Präteritum der Verben in der 3. Person Singular

– die Plural- bzw. Singularformen der Nomen.

Infinitiv	Präteritum	in meiner Muttersprache
ernähren		
zehren		
rutschen		
brechen		
fließen		
transportieren		
schmelzen		
stürzen		
lockern		
Singular	**Plural**	**in meiner Muttersprache**
der Niederschlag		
	die Schneedecken	
der Unterschied		
	die Hindernisse	
die Schwerkraft		
	die Felsbrocken	

3 ***Ergänze den Lückentext mithilfe der Begriffe im Wortspeicher.***

transportiert – Schwerkraft – Schneedecke – tief – vor – Nährgebiet – bricht – Grundmoräne – fließt – Zehrgebiet – Niederschlag – Seitenmoräne – lockeres – wärmer

Über 2500 Metern fällt ____________ in Form von Schnee. Je mehr Schnee fällt, umso dicker wird die ____________. Durch Temperaturunterschiede zwischen Tag und Nacht und durch Druck entsteht aus Schnee nach einiger Zeit Eis. Diese Region nennt man ____________. Durch die ____________ rutscht das Eis in Richtung Tal. Es bildet sich eine große Eisfläche: die Gletscherzunge. Bewegt sich der Gletscher über ein Hindernis, ____________ das Eis. Es entstehen Gletscherspalten. Diese können bis zu 25 Meter ________ sein.

Je weiter der Gletscher ins Tal kommt, umso ____________ wird es. Das Eis schmilzt und ____________ im Gletscherfluss ins Tal. Diese Region nennt man das ____________. Das Gletschereis erodiert das Gestein, es entstehen Sedimente. Diese schiebt der Gletscher neben (= ____________) und vor (= Endmoräne) sich her. Auch unter dem Gletscher liegt ____________ Gestein (= ____________). Die Sedimente, die ______ der Erdmoräne liegen, bilden eine Schotterfläche (= Sander).

Manchmal ____________ der Gletscher große Felsbrocken ins Tal. Schmilzt der Gletscher, bleiben sie liegen, dann nennt man sie Findlinge.

4 ***Kreuze die richtigen Aussagen an und korrigiere die falschen.***

☐ Im Sommer ist der Gletscher kürzer.

____

☐ Eis entsteht durch Druck und Hitze.

____

☐ Gletscherspalten entstehen, wo der Gletscher steil wird.

____

☐ Große Felsbrocken, die die Gletscher aus dem Gebirge transportieren, heißen Findlinge.

____

☐ Gletscher verändern die Form des Gebirges nicht.

____

Küstenformen

1 *Trenne die Wörter in der Wortschlange an den Wortgrenzen.*

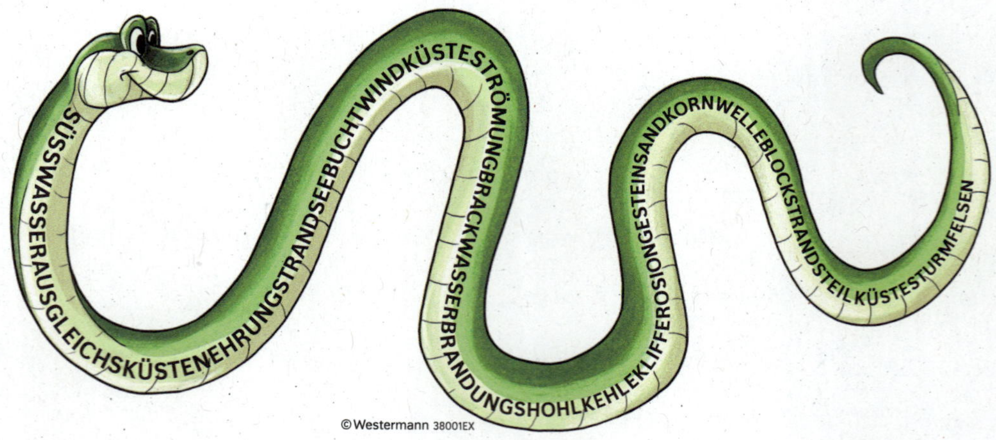

2 *Schreibe die Wörter aus der Wortschlange mit ihrem Artikel auf und übersetze sie in deine Muttersprache.*

Artikel	Wort	in meiner Muttersprache

3 ***Beschrifte die Abbildung (links) mithilfe von Begriffen aus Aufgabe 2. Trage dann die Nummern an den richtigen Stellen in das Foto (rechts) ein.***

①
②
③
©Westermann 582EX_14

Profil einer Steilküste

Steilküste auf Rügen (Kreidefelsen)

① ______________________

② ______________________

③ ______________________

4 ***Erkläre mithilfe der Abbildung in Aufgabe 3, warum der Unfall passierte.***

Spaziergängerin verschüttet

Göhren, 28.02.2005. Bei einem Uferabbruch an der Steilküste zwischen Göhren und Lobbe im Südosten Rügens wurde eine 27-jährige Frau aus Berlin verschüttet. Sie machte mit ihrem Freund einen Spaziergang entlang der Küste, als sich plötzlich 20 Kubikmeter Gestein und Erdreich von der rund zehn Meter hohen Steilküste lösten und die Frau unter sich begruben. Jegliche Hilfe kam zu spät, die Frau starb am Unfallort.

5 *Sieh dir die Abbildungen a – c an. Sie zeigen die Entstehung einer Ausgleichsküste. Nummeriere die Sätze in der richtigen Reihenfolge mit 1 – 9.*

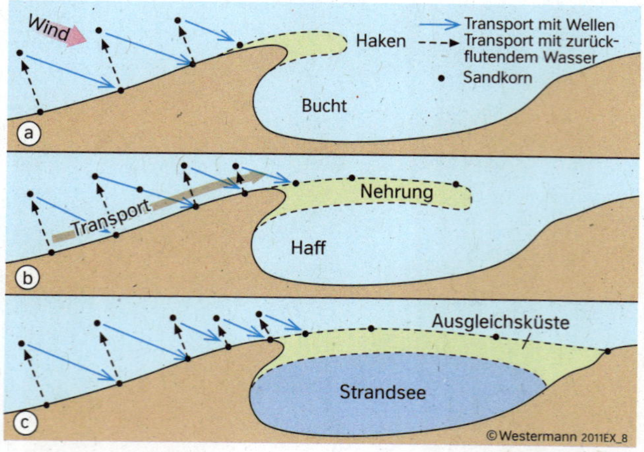

_______ Im Meer transportiert die Strömung den Sand parallel zur Küste.

_______ Der abgelagerte Sand bildet einen Haken.

_______ Die nächste Welle trägt das Sandkorn zurück an den Strand.

_______ Der Haken vergrößert sich zu einer Nehrung.

_______ Das Haff ist geschlossen und wird zu einem Strandsee.

_______ Die Nehrung trennt das Haff vom Meer.

_______ Die Welle transportiert Sand vom Strand ins Meer.

_______ So wandert das Sandkorn an der Küste entlang.

_______ Die Nehrung wächst und schließt das Haff.

6 *Begründe, warum die in Aufgabe 5 dargestellte Küste Ausgleichsküste heißt.*

____

____

____

7 *Erkläre mithilfe der Abbildung in Aufgabe 5, warum eine Bucht Salzwasser enthält, ein Haff Brackwasser (hierzu kannst du dir im Atlas das Stettiner Haff ansehen) und ein Strandsee Süßwasser.*

____

____

____

____

Der Hamburger Hafen

1 *Suche im Atlas je drei Häfen in Deutschland, die zu den Definitionen passen.*

Binnenhäfen liegen im Landesinneren an einem Fluss, einem Kanal oder einem See. Sie werden überwiegend von kleineren Schiffen genutzt, können aber auch, abhängig von ihrer Länge, Breite und ihrem Tiefgang, von Küstenmotorschiffen und kleineren Seeschiffen angelaufen werden.

______________________ ______________________ ______________________

Seehäfen liegen am Meer und sind mit Ladeanlagen und Lagerflächen ausgestattet. Sie bieten Anschluss an andere Verkehrsmittel wie Eisenbahn oder Lkw oder an die Binnenschifffahrt. Ihre Hafenbecken haben eine große Tiefe, damit große Seeschiffe anlegen können.

______________________ ______________________ ______________________

2 *Übersetze die Begriffe in deine Muttersprache und erkläre sie auf Deutsch.*

das Flüssiggut (______________): ______________________________

____

das Sauggut (______________): ______________________________

____

das Greifergut (______________): ______________________________

____

das Stückgut (______________): ______________________________

____

der Container (______________): ______________________________

____

3 *Was wird hier umgeschlagen (= verladen)? Beschrifte die Fotos mithilfe der Wörter aus Aufgabe 2.*

A

B

C

D

E

A ______________________

B ______________________

C ______________________

D ______________________

E ______________________

4 ***Wie werden die folgenden Güter im Hafen umgeschlagen? Ordne sie den Fotos in Aufgabe 3 zu.***

Holz: Foto ______ Fahrräder: Foto ______ Erdöl: Foto ______

Sand: Foto ______ Sportschuhe: Foto ______

5 ***Beschreibe die Entwicklung des Warenumschlags im Hamburger Hafen zwischen 2000 und 2017. Benutze dazu die Begriffe im Wortspeicher.***

die Zahl – die Menge – die Veränderung – im Vergleich – sinken – sich verändern – am meisten – am wenigsten – steigen – insgesamt – deutlich – kaum

	2000	2017
Flüssiggut	11,6	13,7
Sauggut	7,8	7,5
Greifergut	17,0	23,5
Stückgut	3,4	1,4
Container	45,3	90,3
gesamt	85,1	136,5

Umschlag im Hamburger Hafen (in Mio. t)

Quelle: www.hafen-hamburg.de/de/statistiken

____

____

____

____

____

____

____

____

____

____

6 *a) Übersetze die Wörter in deine Muttersprache.*
b) Ergänze
– bei Nomen: den Artikel und die Plural- oder Singularform
– bei Verben: den Infinitiv.
c) Ordne die Wörter den richtigen Beschreibungen zu. Schreibe dazu die Zahlen in die Kreise (s. Beispiel).

	Wörter	in meiner Muttersprache	Beschreibung
1	abgehängt ______		Alles, was man kaufen und verkaufen kann. ◯
2	anlegen		Der Boden eines Flusses, Meeres oder Sees. ◯
3	____ Arbeitskräfte ______		Alles, was an Gütern auf einem Schiff ist. ◯
4	ausgebaggert ______		Sand, Kies oder Erde wurden mit einer Maschine hochgeholt. ◯
5	____ Bereiche ______		Hier fließt ein Fluss in einen See oder ein Meer. ◯
6	betankt ______		Diesen Teil vom Gehalt bekommt der Staat. ◯
7	____ Freihafen ______		Hier werden nur Menschen auf dem Schiff transportiert. ◯
8	____ Geschiebe ______		In diesem Gebiet leben Tiere, Menschen oder Pflanzen. ◯
9	____ Grund ______		Die tiefste Stelle in einem Hafen. ◯
10	____ Güter ______		Ein Boot im Hafen festmachen. ◯
11	____ Waren ______		Die Stunden, die ein Schiff im Hafen verbringt. ◯
12	____ Hafenrinne ______		Alles, was man kaufen und verkaufen kann. ◯
13	____ Ladung ______		Sand, Kies und Schlamm in einem Fluss. ◯
14	____ Lebensräume ______		Ein Mensch, der regelmäßig arbeitet. ◯
15	____ Liegezeit ______		Ein Hafen, in dem man keine Steuern zahlt. ◯
16	____ Mündung ______		letzter werden (1)
17	____ Passagierverkehr ______		ein Teil von etwas ◯
18	____ Steuern ______		Benzin einfüllen ◯

7 *Ergänze den Lückentext mit den Begriffen aus Aufgabe 6.*

Der Hamburger Hafen liegt an der Elbe, beinahe 100 Kilometer vor ihrer ____________ in die Nordsee. Die Elbe bringt auf ihrem Weg einiges an ____________ mit, das sich auf dem ____________ des Flusses im Hamburger Hafen ständig ablagert. Aus diesem Grund muss das Hafenbecken regelmäßig ____________ werden, damit auch riesige Containerschiffe aus aller Welt in Hamburg ____________ können.

Haben die Schiffe angelegt und ist die ____________ gelöscht, werden die ____________ auf andere Verkehrsmittel, wie Binnenschiffe, Lastkraftwagen (Lkw) oder Züge, verladen. So erreichen Lebensmittel, Maschinen und Rohstoffe ihre Empfänger. Andere ____________ werden in der Speicherstadt gelagert. Solange die Waren dort liegen, fallen keine ____________ an, daher heißt der Hamburger Hafen auch ____________.

Die ____________ eines Schiffes im Hafen kostet viel Geld, daher sollte es maximal 24 Stunden im Hafen verbringen.

Damit in dieser kurzen Zeit die Ladung gelöscht, das Schiff neu beladen, ____________ und gewartet werden kann, werden viele ____________ benötigt. Daher ist der Hamburger Hafen ein großer Arbeitgeber, dessen Arbeitsplatzangebot vom Hafenarbeiter über Bürofachkräfte, Versicherungskaufleute, Logistiker und Maschinisten reicht.

Um wirtschaftlich nicht ____________ zu werden, wird der Hafen immer weiter ausgebaut. Schon heute gehört ein Areal von ca. 100 km² zum Hamburger Hafen, wovon ____________ für ____________, Massengutverladung, Roll-on-Roll-off-Güter und Containerschiffe reserviert sind.

Nicht jeder ist jedoch begeistert über die Vergrößerung des Hafens, denn dafür müssen Anwohner ihre Häuser verlassen, ____________ für Vögel gehen verloren und die Fische leiden unter der ständigen Vertiefung der ____________, da ihre Laichplätze gestört werden.

Landwirtschaft im Wandel

1 ***Übersetze die Wörter in deine Muttersprache und ergänze die richtigen Artikel.***

_______ Stall _______________________

_______ Stroh _______________________

_______ Schwein _______________________

_______ Traktor _______________________

_______ Feld _______________________

_______ Heu _______________________

_______ Misthaufen _______________________

_______ Kuh _______________________

_______ Schubkarre _______________________

_______ Hahn _______________________

_______ Landwirt _______________________

_______ Obstbaum _______________________

_______ Wiese _______________________

2 ***Beschrifte das Bild mit Begriffen aus Aufgabe 1.***

3 *Übersetze die folgenden Wörter in deine Muttersprache und setze die richtigen Artikel davor. Ordne dann die Wörter den richtigen Beschreibungen zu. Schreibe die jeweiligen Zahlen in die Kreise (s. Beispiel).*

	Wörter	in meiner Muttersprache	Beschreibung
1	_____ Sonderkultur		Sie sagt, wie viele Hektar ein Betrieb hat. ◯
2	_____ Nutzpflanze		Eine Region, in der eine bestimmte Pflanze angebaut wird. ◯
3	_____ Anbaugebiet		Hier werden nur Pflanzen angebaut. ◯
4	_____ Betriebsgröße		Diese Pflanzen werden vom Menschen z. B. als Nahrung genutzt. ◯
5	_____ Viehhaltung		Der Landwirt lebt nur von den Einnahmen seines Betriebs. ◯
6	_____ Bodengüte		Hier werden z. B. Schweine und Kühe gehalten. ◯
7	_____ Haupterwerbslandwirt		Sie zerstören Pflanzen. ◯
8	_____ Schädlinge		Er sorgt dafür, dass Pflanzen genügend Nährstoffe bekommen. ◯
9	_____ Nebenerwerbslandwirt		Diese Pflanzen benötigen besonders viel Pflege. (1)
10	_____ Ackerbau		Es wird eingesetzt, wenn Pflanzen Schädlinge haben. ◯
11	_____ Dünger		Der Landwirt lebt vor allem von den Einnahmen aus einem anderen Beruf. ◯
12	_____ Pestizid		Sie bestimmt, ob der Boden für die Landwirtschaft geeignet ist. ◯
13	_____ Massentierhaltung		Hier wachsen Pflanzen geschützt und kontrolliert unter Glas. ◯
14	_____ Glashauskultur		Es werden viele Maschinen zur Arbeit genutzt. ◯
15	_____ Mechanisierung		Hier werden extrem viele Tiere in Ställen gehalten. ◯

4 *Nenne mithilfe einer Atlaskarte zur Landwirtschaft in Deutschland jeweils zwei Regionen, wo folgende Nutzpflanzen vorwiegend angebaut werden und folgende Viehhaltung betrieben wird.*

Mais: ______________________________

Weizen: ______________________________

Wein: ______________________________

Raps: ______________________________

Gemüse: ______________________________

Hopfen: ______________________________

Obst: ______________________________

Rinder: ______________________________

Schweine: ______________________________

Geflügel: ______________________________

5 ***Nenne mithilfe der Atlaskarte zur Landwirtschaft in Deutschland oder einer anderen geeigneten Karte jeweils drei Regionen Deutschlands, wo sich die Böden für den Ackerbau besonders gut (= sehr gute und gute Böden) bzw. nicht so gut (= mittlere und arme/sonstige Böden) eignen.***

für den Ackerbau besonders gut geeignet: ______________________________

____

für den Ackerbau nicht so gut geeignet: ______________________________

____

6 ***Nenne mithilfe einer entsprechenden Atlaskarte die Regionen, wo die Betriebsgrößen in Deutschland sehr groß bzw. sehr klein sind.***

sehr große Betriebsgrößen: ______________________________

____

sehr kleine Betriebsgrößen: ______________________________

____

7 *Vervollständige mithilfe der Informationen aus den Aufgaben 4–6 den Text über die Landwirtschaft in Deutschland.*

Landwirtschaft in Deutschland
Die landwirtschaftliche Nutzung ist von drei Faktoren abhängig: dem Klima, der Bodenart und der Oberflächenform. In Deutschland ...

8 *Vergleiche die Informationen, die du über die Landwirtschaft in Deutschland erhalten hast, mit dem, was du über die Landwirtschaft in deiner Heimat weißt. Nenne die Unterschiede.*

9 ***Lies dir durch, was die Schweine erzählen, und erkläre dann, warum das Schwein aus dem Allgäu zufriedener ist.***

Ich lebe in Cloppenburg, in einem der größten Schweinemastbetriebe Deutschlands. Blauen Himmel habe ich noch nie gesehen. Meine Mastbox teile ich mir mit zwölf anderen Schweinen, aber das ist zu wenig Platz. Es gibt viel Streit und wir beißen uns dann gegenseitig, bis wir bluten. Ferkel werden daher in anderen Boxen gehalten, ohne ihre Mütter. Oft werden wir auch krank, was besonders unangenehm ist, denn dann bekommen wir Spritzen mit Antibiotika. Der Spaltenboden, auf dem wir die ganze Zeit stehen müssen, verursacht Schmerzen an den Pfoten. Für den Bauern ist er sehr praktisch, denn Kot und Urin laufen direkt ab, aber wir leiden. Allerdings werden wir auch nicht sehr alt in diesen Mastbetrieben. Entweder wir sterben früh an Krankheiten, werden totgebissen oder schnell fett und dann geschlachtet.

Es wäre gelogen, wenn ich sagen würde, dass ich ewig lebe, denn irgendwann lande auch ich auf einem Teller. Aber bis es soweit ist, kann ich mein Leben genießen. Ich lebe auf einem Biobauernhof im Allgäu. Die meiste Zeit verbringe ich mit meiner Familie auf einem großen Acker, auf dem ich im Boden wühlen kann. Das Futter, das ich bekomme, wird auf den Feldern, die zum Hof gehören, angebaut. Mein Kot und Urin dienen gleichzeitig der Düngung des Bodens. Das ist günstig, denn so kommt der Landwirt ohne künstlichen Dünger aus. Krank war ich noch nie.

10 *Wandel in der Landwirtschaft*

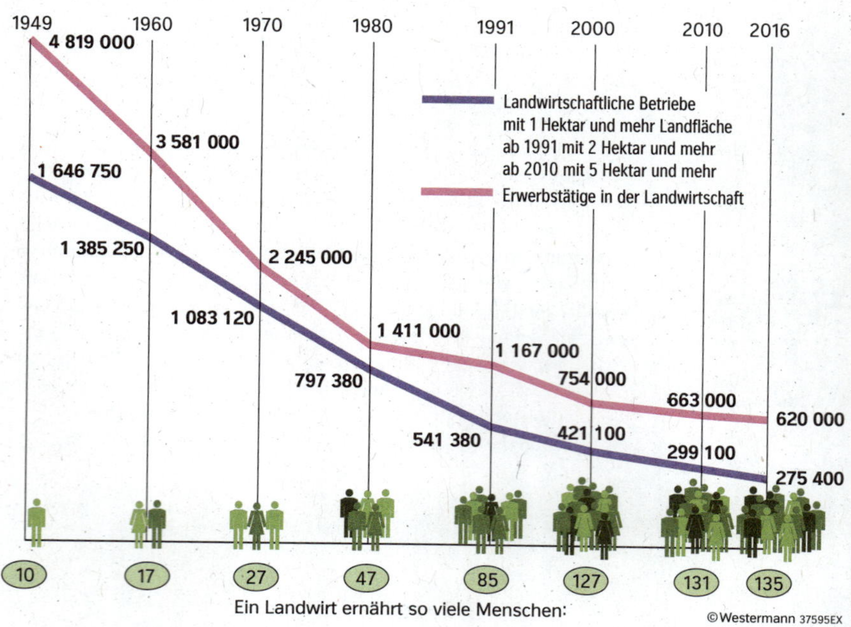

a) Formuliere vier richtige Aussagen über die Veränderungen in der Landwirtschaft, die du in der Grafik erkennen kannst.

____

____

____

____

b) Die folgenden Aussagen von Landwirten stammen aus den Jahren 1949, 1965, 1991 und 2016. Ordne den Aussagen jeweils die richtige Jahreszahl zu.

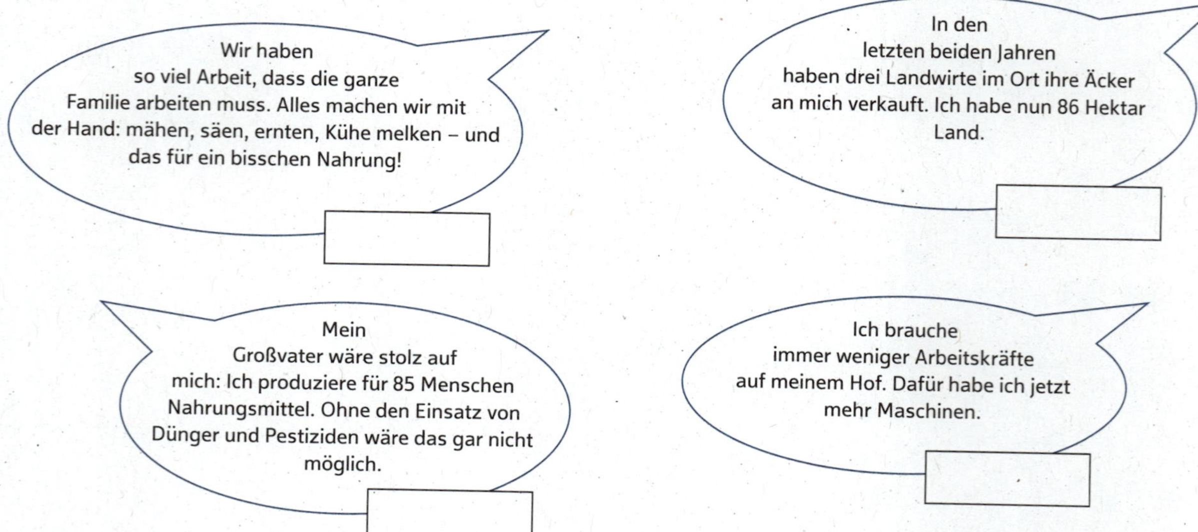

Oasenwirtschaft

1 ***Suche Oman im Atlas und trage die fehlenden Begriffe in den Lückentext ein.***

Oman gehört zum Kontinent ____________. Der Staat liegt auf der ____________ Halbinsel. Seine Nachbarstaaten sind ________________________. Oman hat eine lange Küste, sie liegt am Golf von ________, am __________ Meer und am ____________ Ozean.

2 ***a) Beschreibe das Klima in Maskat mithilfe des Klimadiagramms.***

Maskat/Oman
6 m ü. M.
°C
T = 28,0 °C
N = 98,7 mm
mm
300
200
100
80
60
40
20
0
30
20
10
0
J F M A M J J A S O N D
37596EX

b) Überlege, welche Vegetationszonen im Oman zu finden sein müssten.

c) Überprüfe mithilfe einer geeigneten Atlaskarte, ob du recht hast.

3 ***Übersetze die Wörter in deine Muttersprache.***

die Landschaft __________

bewässern __________

abfallend __________

vegetationslos __________

der Kanal __________

das Feld __________

die Oase __________

die Dattelpalme __________

das Sorghum __________

der Stockwerkbau __________

fließen __________

verteilen __________

das Gebirge __________

wolkenlos __________

unbewohnbar __________

versorgen __________

4 *Beschreibe die Fotos. Nutze dazu auch Wörter aus Aufgabe 3.*

5 *Kreuze an, was richtig ist.*

- ☐ In Oman fallen im Sommer die meisten Niederschläge.
- ☐ Nur ein kleiner Teil des Omans kann bewohnt werden.
- ☐ Die Menschen bearbeiten ihre Felder immer mit Maschinen.
- ☐ Ein System aus Kanälen versorgt die Felder mit ausreichend Wasser.
- ☐ Es gibt keine Gebirge im Oman.
- ☐ Die Omanis haben sehr große Felder.
- ☐ Im Oman kann keine Landwirtschaft betrieben werden.

6 *Überlege, welche Vorteile der Stockwerkbau in einer trockenen Region hat.*

____

____

7 *Übersetze die Wörter in deine Muttersprache und ergänze die Artikel.*

_______ Oase ______________________________________

_______ Quelle ______________________________________

artesisch ______________________________________

_______ Fluss ______________________________________

wasserstauend ______________________________________

_______ Grundwasser ______________________________________

8 Beschreibe, wie das Wasser in die Oasen kommt.

____

9 Übersetze die Konjunktionen in deine Muttersprache.

aber ______________

sondern ______________

außer ______________

dass ______________

denn ______________

und ______________

als ______________

sowohl ... als auch ______________

____

weder ... noch ______________

____

bevor ______________

bis ______________

weil ______________

da ______________

vor allem ______________

oder ______________

ehe ______________

gerade ______________

10 Erkläre, wie in den Oasen eine Wassernot entstehen könnte. Nutze möglichst viele Konjunktionen aus Aufgabe 9.

____

Bildnachweis

|Coenen, Sebastian, Mönchengladbach: 55. |fotolia.com, New York: Lilifox 59; Olympixel 22; Uwe Kantz 49. |Getty Images, München: Titel. |Gutschmidt, Angela, München: 2, 19, 20, 62, 62. |Hafen Hamburg Marketing e. V., Hamburg: Miachel Lindner 51. |i.m.a – Information.Medien.Agrar e. V., Berlin: 59. |Lookphotos, München: Engel & Gielen 51. |mauritius images GmbH, Mittenwald: Reichart 45. |Mühr, Bernhard, Der Karlsruher Wolkenatlas/www.wolkenatlas.de, Karlsruhe: 22. |Scholz, Henning, Hamburg: 51. |stock.adobe.com, Dublin: Kensbock, Peter 51 oben Mitte; Schlierner 51 unten rechts.